一瞬で印象を操る

ズルい

話し方

相手の脳にこびりつくコミュニケーション術

日本マインドリーディング協会理事

岸正龍

Kishi Seiryu

きずな出版

はじめに
バカ正直は損をする社会

正直に生きる。

一般には大切なことだと言われていますが、損をするケースが少なくありません。

それはどういうことか？

たとえば下のイラストを見てください。

彼らは2人とも野球をやっていて、どちらかがピッチャー、どちらかがキャッチャーです。

さて、どちらがピッチャーでしょうか？

「左の人じゃない？」

はい、そうですよね。よほどひねくれた性格の人でない限り、左側の痩《や》せている男性がピッチャーではないかと考えるのが「自然」です。

私たちは、このように日常生活での多くのことを「なんとなく」で直感的に判断しています。**知らずしらずのうちに、わかりやすい印象に引っ張られている**と言ってもいいでしょう。

先に挙げたイラストの例で言えば、マンガやドラマなどの影響から「野球をやっているのに太っている人はキャッチャーだ」というパターンが私たちの頭の中に刷り込まれていて、その印象に引っ張られたということです。

問題はここから。

右側の太っている男性が次のように言ったらどうですか?

「おれ、野球やってて、ピッチャーなんだぜ」

「ウソつけ、って感じかな」

ですよね。すぐには信じられないですよね。実際にピッチャーとしてプレーしている姿にも、違和感を抱くかもしれません。

私たちは、本当にピッチャーをやっているという事実より、「太っている人はピッチャーらしくない」という印象に、より強く引っ張られるということです。

この「印象」が本人も気づかないうちに損をもたらす曲者《くせもの》で、実際に多くの方が「印象」のせいで損な目にあっています。

たとえば、じつは仕事がめちゃくちゃできて頭の回転が速い切れ者なのに、風采《ふうさい》が冴《さ》えないせいでそんなに有能な人間に見えない。

たとえば、本当は相手のことを思いやって行動する優しい人なのに、ぶっきらぼうな態度のせいで冷たい人に感じる。

こういう方々、あなたの周りにもいますよね。

「確かにいるな。でも、あとから実際のことがわかると、そうだったんだ！　って、

かえって印象が良くなったりするよ」

心理学で「ゲイン・ロス効果」と呼ばれている心理メカニズムですね。

アニメ『ドラえもん』に登場するいじめっ子のジャイアンがわかりやすいでしょう。ジャイアンは、テレビアニメだと主人公・のび太をいじめる嫌なヤツですが、映画になるとここぞというところでのび太を助けたりする。そのギャップから好感度が上がる、いわゆる「ギャップ萌え」が起こり、印象が良くなるということですよね。

ただし、それが可能なのは「ギャップを感じさせるチャンスがある場合」に限定されます。そして残念ながら、**実際の社会においては、最初の印象を挽回《ばんかい》するチャンスが与えられないことのほうが多い**のです。

どれだけ美味しい料理を提供するレストランでも、外観が汚かったら入ってみようとは思わないですよね。入店しなければ「外観は汚いけど料理は美味しい」と感じていただく機会は訪れません。

面接や商談、プレゼン、自己紹介、合コンなども同じで、最初の印象が与えたマイナスを挽回するチャンスはやってこないことがほとんどです。

であれば？

そう、**最初の印象を操作したほうが得なんです。**

第一印象で「この人は有能そうだ」「この人は誠実そうだ」「この人は信用できそうだ」と思ってもらえれば、その後のコミュニケーションはグッと楽になりますよね。

うまく印象を操作して、成功をつかんでいる人たちも多くいるのですから。

本書は、私がこれまで実践し、人々に教えてきた「印象を操作して得をつかむ」方法を伝えることを目的にしています。

最初の印象とのギャップを利用して得をつかむ手法も、のちのち紹介していくので楽しみにしてください。

心理術は「持たざる人」の武器になる

自己紹介が遅れましたが、私は岸正龍《せいりゅう》と申します。モンキーフリップという、名古屋発のアイウェアブランドを営むかたわら、無意識介入型のコミュニケーションスキルを本やラジオ、講演やセミナーを通して伝えております。

子ども時代にイジメを受けた経験から心理学、エニアグラム、エリクソン催眠、コールドリーディングなどを学び、現在は日本ビジネス心理学会の上級マスターをいただき、一般社団法人日本マインドリーディング協会の理事も務めています。

仕事としては会社員も経験しましたし、実績ゼロの状態からマスコミに取材されるような店作りもしました。そしてそこから、セミナーや講演活動を行えるように自分の印象を操作、現在までに5万人以上の方々に話をしてきました。

そんな私が思うのは、

「正直は美徳だけど、バカ正直は損をする」ということです。

もちろん、人生がうまくいくためには基本的には誠実さが重要です。

長期的なスパンで眺めると「約束を守る」「ウソをつかない」などの正直さが相手からの信頼を勝ち取るのは間違いありません。

ただ、だからといって**つねに正直でいることは最善の戦略とは言えません。**

たとえば、自分の進みたいビジネスにおいて世間的に認められた実績（肩書、受賞歴など）がない人が、バカ正直に「実績はありません」と言っていたら、いつまで経っても仕事をいただけません。本当にそのビジネスに進みたいなら「実績がありそうに見せる」あるいは、「この人に任せれば大丈夫そうに見せる」ちょっとしたズルさも必要でしょう。

本当は自信がない仕事でも、「できます」と自信満々に断言する。

お金に余裕がなくても、お金に困っていないように振る舞う。

予想外の出来事に慌てていても、冷静な態度を崩さない……。

私たちは「事実」よりも「印象」により強く引っ張られるのですから、人生で得をつかみたいなら、このような**ハッタリも含んだ印象操作**は必要不可欠です。

本書では世の中に数ある心理テクニックのうち、どんな人でもすぐに実践できる手法に絞り、3つのステップで紹介します。

① 印象を操作して相手の心を開かせる「バイアス・コントロール」
② 相手の興味を誘導して行動を促す「イメージ・マイニング」
③ 相手の信頼を勝ち取り支配すらできる「フェイク・イット」

3つすべてできれば最高ですが、正直な話、最初の「バイアス・コントロール」だけでも実践できれば、かなりの「得」を手にすることができるでしょう。

本書を通じて、みなさんがバカ正直で損をすることなく、印象を操作し豊かな人生を手に入れていただければ幸いです。

【もくじ】

はじめに　バカ正直は損をする社会……003

第1章

印象を操作して相手の心を開かせる「バイアス・コントロール」

言葉の選び方で相手の思考を誘導できる……018
Theory　システム1とシステム2……020
人はぜんぜん論理的に考えていない……026
Theory　ヒューリスティック……030
太っている人の隣に座っただけで……034
長いオリジナル肩書きがNGな理由……039

第2章

相手の興味を誘導して行動を促す「イメージ・マイニング」

人はギャップに「興味」を抱く……043
ギャップ説明で失敗しないための絶対ルール……049
Theory 心理的リアクタンス……054
相手に「質問」させるよう会話を誘導する……056
相手の頭に「？」を生め！……060
ギャップを作っちゃいけないケース……069
やってみよう！ バイアス・コントロール……072
人は説明されてもほとんど忘れる……074
相手の行動を操作する技術……078

イメージは記憶に深く刻み込まれる……082
Theory 無意識……090
流れているBGMで売上が変わる……097
そこに「目」があるだけで行動が変わる……099
「におい」や「天気」も人の行動を操る……102
言葉による説明はだいたい失敗する……106
イメージトレーニングは実際のトレーニングと同じ効果がある……109
自然な流れで相手をデートに誘う方法……114
ファクト：自分の話の信頼性を裏づける……118
シミリ：お手本は「たとえツッコミ」……125
アナロジー：同じ構造の言葉で簡単に言い換える……128
イメージ・マイニング式アナロジーのつくりかた……134
やってみよう！ アナロジー……137
ショート・メタファー：友人のジョンに話してもらう……138

やってみよう！　ショート・メタファー……148
ロング・メタファー：物語で相手に伝える……150
Theory　ミルトン・エリクソンの逸話……154
ファイブセンス・リアリズム：五感臨場……157
遅刻常習犯の部下が遅刻しなくなった！……163

第3章

相手の信頼を勝ち取り支配すらできる「フェイク・イット」

心理話術を自然に使っている人がいる……170
最後のひと押しが必要な理由……177
Theory　ホメオスタシス（恒常性維持機能）……179
人間は「支配される」ことを望んでいる……181

支配にもっとも必要なのは「醸し出される自信」……185
自分で自分を騙し込むワザ……188
本書のまとめ：三大前提とセブンステップ……195
もっとも簡単でもっとも効果のある最強の印象戦略……198
おわりに……202

[装丁]　井上新八
[本文デザイン]　五十嵐好明（LUNATIC）
[イラスト]　高村あゆみ
[校正]　鷗来堂
[特別協力]　荒川三郎

第1章

印象を操作して相手の心を開かせる「バイアス・コントロール」

言葉の選び方で相手の思考を誘導できる

次の文章を読んでみてください。


父とその息子が自動車事故に遭い、父はその場で即死した。

息子も重傷を負い、急いで病院に運び込まれた。

手術室で息子を迎えた外科医は顔色を変えて言った。

「私は彼を手術できない。彼は私の息子だ！」


いかがですか？

「あれ？　父親は交通事故で即死したんじゃないの？　でも外科医も父親？　どうい

うこと?」

もしもあなたの頭の中にこうした疑問が生まれたとしたら、まさにあなたは「印象のワナ」にからめとられたということ。

事実はごく単純。

外科医は女性、つまり、息子の〝母親〟だったのです。

この答えに行きつかなかったあなた。あなたは**「外科医というと男性だ」**と自動反応的に考えていましたよね。こうした偏見ともいえる偏《かたよ》った印象を、専門用語では「バイアス」と呼びます。

そして、じつのところ、あなたを「外科医＝男性」というバイアスに誘導するよう、私は先ほどの文章でズルいことをしています。

もういちど読みながら、性別に関連ある単語を見返してください。

「父」「その息子」「父」「息子」「息子」「彼」「彼」「息子」

もうおわかりですよね。**女性を想起する単語が1つも入っていません。**だから余計に「外科医＝男性」という「バイアス」が働いたのです。

このように私たちは簡単に印象を操作されます。

逆から言えば、**操作方法を知っていれば、こちらの望む印象に相手に誘導することが可能なわけです。**先ほどの文章にあえて女性を想起させるような言葉を一切入れなかったような戦略です。

Theory
システム1とシステム2

相手の印象操作をする上で、重要となってくるのは**「バイアス（偏り）」**です。

「ズルい話し方」のすべてはバイアスをうまくコントロールすることにあると言っても過言ではありません。

具体的には「自分ではまったく意識していないのに、バイアスの網にかかってしまう」

という脳の特性を利用し操作していきます。

先ほどの息子と外科医の文章でも、多くの人が「自分は外科医＝男性というバイアスにとらわれていた」ということを意識できなかったと思います。文章のなかで使われている言葉が男性を指し示すものばかりであったことに気づいた人も少ないでしょう。

このように、**「自分はバイアスに基づいて判断している」と自覚できないところがバイアスの怖いところで、また使いどころなのです。**

では、そんな厄介なバイアスが、どうして脳に存在するのか？

ここから少し脳のシステムの話をさせてください。

心理学・行動経済学の分野では、人が物事を判断する際には、まったく違う2つのシステムが存在すると定義しています。直感的判断を司る「システム1」と、論理的思考で使う「システム2」です。

これは応用心理学者のキース・スタノヴィッチ（Keith Stanovich）と、リチャード・ウェスト（Richard West）が2000年に発表した論文で使った名称です。その名称を行動経済学でノーベル経済学賞を受賞したダニエル・カーネマン（Daniel Kahneman）が『ファスト&スロー』（早川書房）で使用し、一躍有名になりました。

それぞれのシステムの特徴は次の表をご覧ください。

システム1（直感的判断）	システム2（論理的思考）
直感的な速い思考、経験則的意思決定	論理的な遅い思考、帰結主義的意思決定
進化的に古いシステム（動物の認知に類似）	進化的に新しいシステム（人類独自）
●直感的	●分析的
●高速で自動的	●遅くて思考的
●高容量	●容量に限界
●連想的	●規則的

●並列的	●系列的
●マルチタスク	●シングルタスク
●考えるのに努力はほぼ不要	●考えるのに注意力を必要とする
●学習速度は遅い	●学習速度は速い
●ほぼ止められない	●システム1で答えが出せないときに動く
●すぐに印象を獲得する	●最後の決定権はシステム2が持つ
【弱点】	**【弱点】**
●本来の質問を簡単な質問に置き換えて考えてしまう ●周囲の環境の影響を受けやすい ●自分の見たものがすべてと思う傾向がある	●怠け者で、意識しなければシステム1のそれらしい仮説を正しいとしてしまう ●過負荷状態では、予想外の注意を要することは気がつけない

たとえば、あなたが出張や旅行で、初めて行く場所に向かうとしましょう。
どうやって行きますか？

「まずスマホの地図アプリでどこにあるかを確かめる。次にどのルートで行くかを決定する。そのあと地図アプリを見ながら向かうかな」

そうですよね。目的の場所をスマホというツールを使って「論理的に」探し、そこまでのルートを「分析して」して行きますよね。つまり論理的思考が動いているわけですから、システム２の領域です。

では、最寄《もよ》りの駅から自分の家まで帰るときはどうでしょう？

「なにも考えなくても勝手に行けちゃうな。スマホでゲームしながらでも、ちゃんと自分の家にたどり着ける」

ありがとうございます。

スマホでゲームをしながら歩くのは危険なのでやめたほうがいいと思いますが、こちらは「経験則」に基づいて「直感的に」向かうのですから、システム1の領域です。

「なるほどわかった。システム2は『意識して』やること、システム1は『無意識で』やることだな」

厳密には少し違いますが、大枠はその理解で問題ありません。

そして、いいですか、人間の脳はシステム1である直感的判断に強く支配されていて、バイアスが潜んでいるのはシステム1なのです。

システム1は高速かつ自動的な判断をするために、すぐに参照できるパターンとしてバイアスを持ちます。

冒頭の例で言うなら、「外科医＝男性」というバイアスがシステム1に潜んでいるということです。

脳はそんなシステム1が大好き。

脳は「できるだけ余計なことにエネルギーを使わない」ということを基本としているからです。

だから「考えずに」「素早く」意思決定できる「システム1」を好んで発動させるのです。

人はぜんぜん論理的に考えていない

人間の脳はエネルギー節約のため、できる限り「考えずに」「素早く」意思決定しようとする。

その裏には副作用もあります。**「スピードを重視するあまり、論理的に正しくない結論を出してしまう」**という副作用です。

一体どういうことか、ここでもうひとつ問題をやってみましょう。

「リンダ問題」と呼ばれる有名な質問です。

あまり深読みせず、直感でお答えください。

リンダは31歳で独身。聡明でものをハッキリいうタイプの女性です。

彼女は大学時代には哲学を専攻していました。

また、差別や社会正義といった問題に深い関心を持ち、反核運動のデモにも参加していました。

では、質問です。

リンダの職業として可能性が高いものから順にランク付けしてみてください。

A　リンダは小学校の教員である。

B　リンダは書店で働いており、ヨガのクラスを取っている。

C　リンダはフェミニズム運動に参加している。

D　リンダは精神医学のソーシャルワーカーである。
E　リンダは女性投票者同盟のメンバーである。
F　リンダは銀行員である。
G　リンダは保険の営業員である。
H　リンダはフェミニズム運動に参加している銀行員である。

1位	
2位	
3位	
4位	
5位	
6位	
7位	
8位	

いかがです？　すべてに回答しましたか？

じつはこの問題、どれが1位だとか、どれがビリだとか、そういうものはまったく関係ありません。

見るべきポイントはたった1つ。

「【F】と【H】、どちらを上の順位にしたか」だけです。

あなたの回答では、どちらが上になっていますか？

もし【H】が上にあるなら、「副作用」にやられてしまったということです。

冷静に考えてみてください。

【F】は銀行員全員が当てはまりますが、【H】では「銀行員である」＋「フェミニズム運動に参加している」という、2つの条件が必須。つまり**【F】が【H】より順位が上であるのが、論理的に正しいのです。**

じつはこの問題、確率・統計の知識が十分にあるスタンフォード大学の学生を対象に行った実験でも、じつに85％が【F】より【H】の可能性を高く答えています。

それくらい「副作用」の力は大きいということです。

Theory ヒューリスティック

心理学系の本を読むと、バイアスに並んでよく出てくる言葉が「ヒューリスティック」です。

では、バイアスとヒューリスティックの違いはどこにあるのでしょうか。

ヒューリスティックは「複雑な問題の解決や、なんらかの意思決定を行う際、暗黙のうちに用いている簡便な解法や法則」のこと。平たく説明すると「もっともらしさ」です。

そしてヒューリスティックとバイアスは「原因と結果の関係」になっています。**バイアスという結果を生みだしている大きな原因がヒューリスティック**とお考えいただければ結構です。

さきほどの「リンダ問題」で言うと、「大学時代に哲学を専攻していて、差別や社会正義といった問題に深い関心を持ち、反核運動のデモにも参加していた女子学生はフェミニストになりやすい」という「もっともらしさ」、つまりヒューリスティックが、「フェミニズム運動に参加しているに違いない」というバイアスを生んでしまったという感じです。

パーソナリティ心理学や社会心理学の領域で活躍している心理学者、ゴードン・オルポート（Gordon Willard Allport）は、人間の思考について次のように述べています。

「人はカテゴリーの助けを借りて考えざるを得ない」

「いったん作られたら、カテゴリーは通常の先入観の元となる」

「人がカテゴリーの助けを借りて考えるっていうのはなんとなく理解できるけど、それが先入観の元となるのがわからないな」

ではここで私があなたのことを「カステラくん」と名づけたとしましょう。

するとここから読者の皆さんはあなたを見るたびに「本当にカステラに似てるな」と思

うでしょう。名前がなければまったくそんなことを思わなかったのに、名前がついた途端に先入観の元となる。カテゴリーもこれをまったく同じです。

「いや、わかったけど、カステラくんって……」

ではカステラくん、話を続けさせてもらいますね。

ここでオルポートの言っている「カテゴリー」はバイアスと同義です。そしてオルポートはアメリカによくあるバイアスとして、

- アフリカ人はリズム感が良い
- アジア人は数学に優れている
- 女性は不注意なドライバーである
- 高齢者は忘れっぽい

などのようなものを挙げています。

ちなみに、私がオルポートの研究を調べている中でもっとも驚いたのは、「アフリカ系

アメリカ人は悪事に手を染めやすい」というバイアスを、当のアフリカ系アメリカ人自身の多くが持っていたという結果です。

アフリカ系アメリカ人に対する冤罪《えんざい》が多いのはこのバイアスによるものだ、とのオルポートの言葉にも素直に首肯しました。

もちろん、こうしたバイアスは日本人もたくさん持っています。

たとえば、

- 女性は理数系が弱い
- 口下手は営業に向かない
- 役所は融通《ゆうずう》が利かない
- 大阪人はどこでも関西弁を話す

などは、かなり強いバイアスと言ってもいいのではないでしょうか。

太っている人の隣に座っただけで……

アメリカ・ライス大学の心理学者、ミシェル・ヘブル（Michelle R. Hebl）が行った実験があります。

ヘブルはとある企業の面接会場で「太った体型の人物」と「普通の体型の人物」を並べ、こんな実験を行いました。

下の2人は求職者です。面接官は2人が待合室で並んでいるこんな姿を見た後に、それぞれを面談。キャリアや性格や情熱など、体型以外のファクターはほぼ同じでした。

さて、「この2人のうち、どちらを採用しますか？」という質問に対して、面接官はなんと答えたでしょう？

「普通に考えて、左の痩せているほうだろ」

ご明察。面接官は普通の体型の人のほうを採用したいと考えました。**アメリカには「太った人は専門技術や人間関係のスキルに乏しい」というバイアスがかなり強くあるからです。**太っている人は食欲をコントロールしたり、毎日運動したりすることができない＝「自己管理能力に乏しい人間」というバイアスも大きく関係しているでしょう。

もちろん、体型は遺伝の影響などもありますから、「太っている」ことと「専門技術や人間関係のスキル」や「自己管理能力」は、ほぼ関連性がありません。しかし、事実としてはバイアスによって損をしてしまうのです。

さて、この実験には驚くべき続きがあります。ミシェルが次に面接官に見せたのは、次ページのイラストのように2人が並んで待合室で座っている姿。そして同じように面接をしてもらったところ、なんと**Aさんは Bさんより採用率が下がったのです。**

いいですか？　**待合室でたまたま偶然、太っている人の隣に座っただけで、採用される確率が低くなったのですよ！**

バイアスが意思決定に与える影響は「当人」に関してはもちろん、「その友人・知人やたまたま隣に座った人」によっても引き起こされる……。

「まさにバイアス恐るべし、だな」

では聴覚から入る言葉の印象はどうなのか？

アメリカ・カリフォルニア大学の認知心理学者、エリザベス・ロフタス（Elizabeth F. Loftus）が行った実験をご紹介します。

ロフタスは実験協力者たちに、まず自動車事故のシーンを動画で見せました。**「2台の**

Aさん

Bさん

車がぶつかった」「でもケガ人は出なかった」という動画です。

そのあと実験協力者をAとB、2つのグループに分け、それぞれのグループに次のような質問をしました。

Aグループ

「一方の車が他方の車に当たったとき、その車はどれくらいのスピードで進んでいましたか？」

Bグループ

「一方の車が他方の車に激突したとき、その車はどれくらいのスピードで進んでいましたか？」

結果、**Bグループのほうが「速いスピードを出していた」と回答しました。**「激突」という言葉がバイアスを生んだからです。

また、動画に車の窓が割れているシーンはありませんでしたが、「車の窓は割れていましたか？」という質問にも、Bグループでは「割れていた」との回答が多くなりました。

この実験が意味するのは、聴覚からもバイアスは起こることに加えて**「バイアスは記憶すら簡単に書き換える」**ということ。

そしてバイアスは、ちょっとした言葉の違いだけで生まれるということです。

長いオリジナル肩書きがNGな理由

ではバイアスは、私たちの日常にどう影響を与えるのか？

もっと言えばバカ正直がどんなバイアスを生んで、損をさせるのか？

たとえば私は最近、自分にやたら長い肩書をつけている人によく出会います。こんな感じの肩書きを持つ方々です。

●ＩＴ音痴の社長さん専属集客アップＷＥＢ活用コンサルタント
●働くお母さんのためのお子様を賢く育てるメンタルコーチ

いずれも私の考えた架空の肩書きですが、私はこのような肩書きの入った名刺を受け取ると、自動反応的にこう感じてしまいます。

「この仕事を始めたばかりの人だな、まだちょっと信用できないかも……」

ご本人は一生懸命に自分をアピールして、相手に「いい印象」を与えようとされているのだとは思います。

実際、起業塾などで「名刺をつくるときにはそうしなさい」と指導を受けた人もいるでしょう。

でも残念ながらこうした肩書きでは損をしてしまいます。**「駆け出し」というバイアスがあるからです。**

「必死」というバイアスと言い換えてもいいですが、いずれにしても「いい印象」ではなく「マイナスの印象」を相手に残してしまいます。

「でも、ニッチな市場を選んでそこでポジションを取るのは、戦略的には正解じゃないの？　特に個人ベースで考えた場合は、そのほうが強みをアピールできるでしょ」

そのとおり。マーケティング戦略（あるいはブランディング戦略）としては、ターゲットを絞り、提供できるベネフィットを明確にするのが正解です。

かくいう私も「マインドリーディング」という狭いところにポジションを取り、無意識介入型というニッチなスキルを提供しています。

ここで私が伝えたいのは、**バイアスを計算した上で「どう見られるか」の印象を操作しないと損をする**ということ。事実をバカ正直に伝えてはいけないということです。

私の実体験をお話ししましょう。

『地方で頑張る二代目経営者を応援する、売れる商品開発プロデューサー』という肩書きの男性から名刺をいただいたときの経験談です。

私自身、名古屋で店舗を経営している人間ですが、正直、最初に名刺を受け取った時点で、**「なんかイヤだなぁ」**と感じてしまいました。

まず「地方で頑張る」という言葉に「上から目線感」を抱きましたし、自分で「売れる」っていうなよ、本当に売れていて力があるならこんな肩書きはつけないよ……と、システム1が一瞬で判断したのです。

だから、そのあと熱く語られた「実績」も素直に耳に入ってきませんでした。

その方は、実際はすごく実力があるかもしれないのに、です。

ここ、頭に刻み込んでください。

人は、好むと好まざるに関わらず、システム1が一瞬で引っ張り出してくるバイアスの眼鏡を通してしか人を判断できません。だから、**自分の発言や行動が相手にどんなバイアスを与えるのかを考えず、自分が思うまま正直にやってしまうとバカをみる**のです。

そうならないために！　次からいよいよ、バイアスを使って相手の印象を操作する「ズルい方法」を具体的にお伝えしていきます。

人はギャップに「興味」を抱く

次ページのイラストをご覧ください。
どちらに興味を持ちますか？

「鴨が卵を抱くのは当たり前だから違和感がないけど、犬が卵を抱いているのは違和感があるから、Ｂのイラストに興味を持つね」

普通はそうでしょう。
でも、じつは鴨にはある程度の数がそろわないと卵を抱かないという習性があるので、
鴨が1つだけ卵を抱いているのも、ちょっと変なイラストなのです。

A. 鴨

B. 犬

しかし人は鴨ではなく、犬が卵を抱いているほうに興味を抱いてしまいます。

「鳥は卵を抱く」というバイアスがあり、「犬は卵を抱かない」というバイアスがあるためです。

自動反応的にシステム1が起動しBのほうに興味を持ってしまう脳のシステムを、私たちは持っているということです。

この脳のシステムを、有効に使うこと。

それが、**バイアスを使って相手の印象を操作する「ズルい方法」**です。

人間は「自分が（自覚はしていないながらも）持っている」バイアスとギャップがあると自動反応的に興味を持つ」、この心理メカニズムを使うのです。

具体的にいきましょう。

もう一度、33ページで紹介した「日本人が持っているだろうバイアス」を見てみましょう。

- 女性は理数系が弱い
- 口下手は営業に向かない
- 役所は融通が利かない
- 大阪人はどこでも関西弁を話す

これらのバイアスにギャップをつける、もっとも簡単な方法をご紹介します。
次の公式に当てはめてください。

「○○なのに、××（バイアスの逆）」

「女性は理数系が弱い」の場合は**「女性なのに、理系」**となります。いわゆる「リケジョ」ですね。

「女性は理数系が弱い」というバイアスがあるから、ギャップのある理系女子・略称「リケジョ」はエッジが立つ。

自然と興味がかき立てられるわけです。

「リケジョ」という言葉は2010年ころからメディアで使用されたとされています。一般に広めたのはES細胞の記者会見をした小保方晴子《おぼかたはるこ》さんでしょう。

そのときの小保方さんの格好《かっこう》、覚えていらっしゃいますか?

「かっぽう着姿」でした。

「理系」というバイアスとはギャップのある「かっぽう着姿」だったから余計にエッジが立ち、話題になったと私は考えています。

ほかにも「リケジョ」に捻《ひね》りを加えた、「リケジョ・ミス・インターナショナル日本代表」の杉本雛乃さん、「リケジョ・グラドル」の菅井美沙さん、「リケジョ・シンガーソングライター」の南友里さんなどもいらっしゃいます。

「ミス・インターナショナル」や「グラドル」や「シンガーソングライター」だけではあまり心は動きませんが、「リケジョ」と冠《かんむり》がつくとバイアスとのギャップが出て、興味が惹かれてしまうのを感じていただけるのではないでしょうか。

では次に、「口下手は営業に向かない」というバイアスを使ってみましょう。

先の公式に当てはめると、どういうギャップが生み出せるでしょうか。

「口下手なのに営業成績トップ、とかは興味を惹くかも」

そうですよね！　本屋さんに行くとそんなタイトルの本がありますもんね。

実際ギャップを使った言葉は、書籍のタイトルやネット記事の見出しでもよく使われています。『学年ビリのギャルが1年で偏差値を40上げて慶應大学に現役合格した話』（坪田信貴・KADOKAWA）や『ホームレス中学生』（田村裕・幻冬舎よしもと文庫）などがわかりやすい例でしょう。

あと、これは私の個人的なバイアスかもしれませんが、大阪出身の人はほかの土地に移っても関西弁を話すイメージがあります。

だから私は標準語で話をしていた人に、なにかの拍子で「ご出身はどこですか」と聞いて「大阪です」と返ってくると、**「大阪生まれなのに、関西弁じゃない」**と驚き、なぜだろうと興味をかき立てられてしまいます。

次に私がとる行動、わかりますか？

「『大阪出身なのに、どうして関西弁じゃないんですか？』と聞く、かな」

そうです。質問せずにいられないのです。

そして「質問してもらう」ことは、印象操作において大きなポイントになります。どういうことか、次から具体的に見ていきましょう。

ギャップ説明で失敗しないための絶対ルール

あるシングルマザーの方がいます。

彼女の子どもは「海外の大学に留学したい」という夢を持っていました。しかし、その夢を実現させるには莫大なお金がかかります。

「無理だろうな、かわいそうだがあきらめてもらうしかない」と彼女は考えていたのですが、ある人から保険を活用する方法を教えてもらい、「海外の大学に留学する」という子どもの夢を叶えることができました。

保険の力を知った彼女は保険会社のセールスパーソンとなりました。そして自分と同じようなシングルマザーが夢を叶えるお手伝いをするため、保険の上手な活用方法を日々伝えています。

ではここで質問です。

「保険の営業」と聞いて、あなたはどういう印象を持ちますか？

「『しつこい』『強引』『押しが強い』『都合のいいことしか言わない』『ノルマのために売ることしか考えていない』」

……かなりマイナスなバイアスですね。

カステラくんまでとはいかなくても、マイナスなバイアスがあることは間違いないでしょう。

つまり彼女は、「売り込もう」という気持ちではなく純粋に「お役に立ちたい」と考えての声掛けをしても、「保険の話で……」と持ちかけた途端にマイナスのバイアスがかかることを想定しなければならないということです。

ではどうやって「保険の営業」にまつわるマイナスのバイアスを避けるか？

彼女が考えたのは「シングルマザー」を使うこと。

「シングルマザー」が持つ「お金がなく、時間もない」というバイアスを使って**「シングルマザーなのに、子どもを海外留学に行かせた」**というギャップを作る。そして、相手から興味を引き出すことを思いつきました。

営業にでかけた彼女は、お客さまに早速こう語りかけました。

「私もあなたと同じシングルマザーです。でも、これからご紹介する保険を上手く活用して、子どもを海外の大学に留学させることができました。だから私の提案にはあなたのお役に立つ部分がたくさんあると思います。一生懸命ご説明しますので、ぜひお聞きください！」

さて、あなたはいまの言葉を聞いて、どう感じますか？

「ちょっと自慢されているようで、いい気分がしない。そもそも、そういうセールストークでたくさん保険を売ってきたから子どもを留学させることができたんじゃないかって見ちゃうかも」

ですよね。

このセールストークを聞いて、「そうなんだ！　じゃあ自分もこの人から保険を買おう」と、素直に受け止める人はあまりいないと思います。

「でも、おかしくないか？　彼女は『シングルマザーなのに、子どもを海外留学に行かせた』というバイアスのギャップをちゃんと作って使ってる。なのに上手くいかないのは、どうしてだよ？」

それこそがまさに、「質問してもらうこと」が重要な理由。

「ギャップを自分から話してしまう」から上手くいかないのです。

ギャップの説明は、「相手から質問されて初めて」話さなければいけません。これは絶対ルールです。

人は、自分が興味を持ったこと以外には心のドアを開きません。

相手の心のドアが開いていない状態で「じつはこうなんですよ」と話をしても、言葉はなにひとつ相手には入っていかないのです。

「そうなんですね、素晴らしいですね」などと返答しつつ、心の中ではネガティブな感情しか抱いていない。それが実際のところでしょう。

このことに気づかず、自分の言いたいことを畳みかけていくと、想いとは正反対に、相手の中にはネガティブな気持ちがどんどんたまっていきます。

先に紹介した、『地方で頑張る二代目経営者を応援する、売れる商品開発プロデューサー』への私のバッドスパイラルがいい例ですね。

Theory 心理的リアクタンス

自分の自由が奪われたと感じたとき、それを回復しようとして生じる心理作用は**「心理的リアクタンス（Theory of Psychological Reactance）」**と呼ばれます。

1966年にアメリカの心理学者ジャック・ブレーム（Jack W Brehm）によって提唱されました。

ブレームが行なった実験は、子どもたちに嫌いな野菜を食べてもらう。そのとき好き嫌いをなくすよう手助けする、というものでした。

その結果、**好き嫌いをなくすよう手助けすればするほど、嫌いな野菜に対する抵抗感が大きくなる**ことがわかりました。手助けに対して心理的リアクタンスが働き、嫌いな野菜を食べる気がますます失せてしまったのです。

「勉強しなさい」と言われれば言われるほど勉強をする気が失せるのも、同じ心理的リアクタンスの作用です。

セールスに限らず、あらゆるコミュニケーションにおいて、この心理的リアクタンスは厄介です。

相手にとってどんなにいい話でも、他人がそれをオススメした瞬間に心理的リアクタンスが働き、抵抗されてしまうからです。

さらに厄介なことに、心理的リアクタンスは無意識下で起こるため、抵抗している本人がなぜ抵抗を覚えるのかをわかっていません。

ただ「なんとなく」嫌な感じを覚えているだけなので、言葉で納得させることも不可能なのです。

さきほどのシングルマザーの事例で見てみましょう。

心理的リアクタンスが起こるのは「私の提案にはあなたのお役に立つ部分がたくさんあると思います。一生懸命ご説明しますので、ぜひお聞きください！」という部分。

「役に立つと断定されたくない」とか**「聞くことを強要されたくない」**という抵抗が無意識下で自動反応的に起こるのです。

そしてこれをくつがえそうと言葉を重ねれば重ねるほど、リアクタンスは大きくなり、相手はますます心を閉じてしまいます。

相手に「質問」させるよう会話を誘導する

ギャップを使うのは有効だけど、自分から話すと心理的リアクタンスが働いて逆効果になる。

では、いったいどうすればいいのか？

相手から「質問」を引き出しましょう。

自分が言いたい話ができるような質問を相手にさせるのです。

「そんな人の行動を操るようなことができるの？」

できます。

具体的な手順はこうです。

① バイアスのギャップを使って、相手に興味を持たせる

② すると相手は「どうして○○なんですか？」と質問したくなる

③ その質問に答える形で「自分がアピールしたいこと」を話す

私の事例をお話ししましょう。

私は金髪です。それでビジネス向けのセミナーの講師をやります。

そのため、

「講師の先生が金髪なのって珍しいですね。どうして金髪なんですか？」

という質問をよく受けます。

これは「男性のセミナー講師は黒髪でキチッとした格好をしている」というバイアスが相手にあるからです。

私はこの質問に対して、次のように返事をしています。


「私は実業で、モンキーフリップというメガネブランドを運営しているんです。モンキーフリップはロックとかバイクとかスケートとかタトゥとか、いわゆるストリート系の人たちを対象にしたブランドなんですよ。

いまもモンキーフリップの代表として経営をしていますし、店頭に立って仕事もしていますので、そのイメージに合わせて金髪にしているんです」

さて、こう語ると、どんな印象を抱きますか？

「『セミナーだけやってる人じゃなくて、ちゃんと実業もやってるんだな』かな？」

ありがとうございます！

それこそ、私が相手の頭の中に植えつけたい印象です。

私の講師としてのアピールポイントは、「実践型（ビジネスや日常生活で使えること）」。

いまカステラくんが言った「しっかり実業もやっている」という印象は、だから私の狙った通りのものなのです。


実際、「どうして金髪なんですか？」という質問にさきほどのように答えると、

「自ら経営している人の言葉はやっぱり重みがあるね」

「自分で経営をしている人の話は信用できるから、あなたに依頼するよ」

などのお言葉と共に、仕事をいただけたりしています。

「なるほど、理屈はわかった。でもそれって、金髪みたいに見た目でわかるギャップだからこそ、できる方法なんじゃないの？　さっきのシングルマザーの人の場合、見ただけじゃシングルマザーかどうかなんてわからないから、質問してくれないでしょ」

おっしゃるとおり、相手に質問をしてもらうには、ちょっとした**「フック（仕掛け）」**が必要です。

次からはフックの作り方を紹介していきましょう。

相手の頭に「？」を生め！

次のページにあるのは、私の名刺です。

ご覧のとおり、携帯番号の横に**「（電話あまりでません）」**と書いてあります。

人の心、動かします。
ビジネス心理コンサルタント
岸 正龍
mail@kishiseiryu.com
090-xxxx-xxxx（電話あまりでません）
日本マインドリーディング協会 理事
日本ビジネス心理学会 上級マスター
PsychoDriver LLC.
サイコドライバー合同会社
〒460-0013 名古屋市中区961556x-xxxx
@ 961556x（黒い心x）

この名刺を渡すと、

「電話あまりでないんですね、どうしてですか？」

「電話にでないって、おもしろいですね」

と（渡してすぐ別れるときは別ですが）、ほぼ必ず聞かれます。

この一文がフックです。

「電話番号が書いてある＝電話かけてほしい」というバイアスがあるところに、「（電話あまりでません）」というギャップが仕掛けてあるから、興味がわいて質問したくなるわけです。

対する私の答えはこれ。

「日中は店頭に出ていたり、あるいは講演などで結構詰まっているので、電話はほとんど出られないんですよ」

端的に言うと**「僕、売れててけっこう忙しいんです」**とアピールしているわけです。

もうおわかりとは思いますが、これを質問に答える形ではなく、

「日中は店頭に出ていたり講演とかで結構詰まっているので、ご連絡は電話ではなく、メールでお願いします」

と自ら言ったらどうでしょう?

「いや、連絡するなんて一言も言ってないし」
「そんなに忙しいなら、仕事を出すのをやめようかな」

などと心理的リアクタンスが働いて、ネガティブな反応が相手の無意識に浮かんでしまうことは、簡単に想像いただけると思います。

一瞬で印象を操作する重要なファクターの1つが、

相手の頭の中に「?」を生むこと。

そのためのちょっとした仕掛けが「フック」なのです。
シングルマザーの例でフックを考えてみましょう。
たとえば彼女の名刺にこう書いてあったらどうでしょう？

岸 Margaret 正美

「気になるから聞いちゃうかも。『海外の生まれなんですか？』とか、『旦那さんは外国人なんですか？』とか」

そうですよね。そこで彼女が、

「いえ、日本生まれ日本育ち、生粋の日本人です。夫も、いまは離婚してしまいましたが日本人でした」

と答えたら、どうしますか？

「『じゃあどうしてミドルネームがついているんですか？』って、聞いちゃう」

はい。そこまで来たら、

「じつは子どもを海外に留学させていて、その学校がカトリックなので、一緒に向こうに行ったとき洗礼を受けて……」

などと理由を話すことができますよね。

この流れなら「シングルマザーなのに子どもを海外に留学させている」というギャップを、心理的リアクタンスを生むことなく話せるということです。

これが**「フック」**です。

フックはほんの些細《ささい》なことで構わないので、どこにでも仕込むことができます。

たとえば彼女が接客するのが会社の応接室で、お子様の留学先がオーストラリアなら、お出しするお茶をコアラのカップに入れるという手もあります。そして、

「このカップ、幸運を引き寄せるカップなんです。入っているのは普通のお茶ですけど、どうぞお召し上がりください」


と言って出すのです。

すると、相手の頭の中には**「どうしてコアラ？　それが幸運を引き寄せるってなぜ？」**という興味がわきますよね。

あとは、さきほどの流れと同じ。

相手から出るであろう、

「コアラって幸運を呼ぶんですか？」

などといった質問に対して、こう答えます。

「じつは私、子どもをオーストラリアに留学させているのですが、そこで（このコアラのカップに関連したエピソードを挟む）幸運を呼び寄せたんです」

この返答、形としては質問に答えて「なぜコアラのカップが幸運を運ぶのか」の説明をしているので、相手は心理的リアクタンスを抱きません。しかしその裏で、子どもを海外に留学させていることが印象として埋め込まれます。

あとはタイミングを見て、「どうやって子どもを留学させることができたか」という本来伝えたかった話を、相手に話していけばいいわけです。

この章の内容をまとめます。

人には必ずバイアスがあります。

そして人は、好むと好まざるに関わらず、バイアスのかかった眼鏡を通してしか他人を判断できません。

このバイアスを計算せず、バカ正直に行動すると損をします。

得をするために必要なのは、バイアスとのギャップを作ること。

そのギャップを「フック」として仕込んでおくこと。

これこそが印象を操作し得を生み出すズルい話し方です。

もしも交流会で名刺交換した女性が角刈りだったら、興味を引かれますよね？

質問が許される雰囲気なら理由を訊《たず》ねるのではないでしょうか。

ふと入ったフレンチレストランの店内中央に大きな仏像が飾ってあったらどうでしょう。

同じように質問をしたくなりませんか？

人はバイアスとのギャップがある「フック」に出会うと、質問をしたくなるのです。

「フック」を仕掛け、あなたの欲しい質問を引き出しましょう。

そして質問の答えとして、あなたが相手に埋め込みたい印象を、堂々と埋め込んでいってください。

ギャップを作っちゃいけないケース

以上、バイアスとのギャップのあるフックを仕掛け、印象を操作するテクニックを述べてきましたが、この章の最後に**ギャップを作ってはいけないケース**をお話しします。

たとえば、銀行の法人担当がギャップを出すために「赤い革ジャン」を選んだとしたらどうですか？

医師が白衣ではなく迷彩柄のつなぎを着ていたり、警官が法被《はっぴ》姿でいたら、どうでしょう？

信用を失ってしまいますよね。

つまりこれらのケースではギャップを作ってはいけないということです。

「ちょ、ちょっと待って。ここまでずっとギャップを作れって言ってきて、いまさらそれはないだろ。ギャップを作ればいいのかダメなのか、一体どうやって判断すればいいんだよ！」


当然そうなりますよね。

でもご安心ください。

判断基準はとても単純。

相手が抱いているバイアスが強い場合はギャップを避け、それほどではない場合にだけギャップを仕込むようにすればいいのです。

先ほど例に出した「銀行の法人担当」や「医師」や「警官」は服装に対して「こうあるべき」という強いバイアスがあるから服装ではギャップを作るのを避ける。

逆に、美容師やデザイナー、翻訳家やカウンセラーなど、服装に対してのバイアスが強くないケースでは、ギャップを活かした服装をしてバイアス・コントロールをするほうがいいということです。

シンプルにギャップを作るのと作らないの、どちらのほうが最終的に「得」になるのかを考えていただいても構いません。

私の場合、金髪の講師は金融系などの固い場所では受け入れてもらえないことを承知した上で、それでもギャップを作ったほうが最終的に得だと計算し、金髪を通しています。

あなたも自分の業界や職種に対するバイアスをしっかりと把握し、最高のパフォーマンスを引き出せるよう、上手くコントロールしてください。

やってみよう!

バイアス・コントロール

① あなたがご自身の職業や立場、あるいは企画や商品・サービスなどで相手にもっともアピールしたいポイントはなんですか？

② あなたの職業や立場、企画や商品・サービスが持つバイアスは何ですか？

③ ①と②を考えてギャップとつけるとしたらどうしますか？
（それは相手から見て「どうして？」になっていますか？）
（ギャップをつけないほうが得になるケースではありませんか？）

④ そのギャップを相手に質問させる「フック」にはどんなものが考えられますか？

⑤ ④の質問の答えは「あなたがアピールしたいポイント」に繋がっていますか？

第2章

相手の興味を誘導して行動を促す「イメージ・マイニング」

人は説明されてもほとんど忘れる

バイアス・コントロールで相手の心のドアを開いたあとにやっていただきたい「ズルい話し方」が、この章でご紹介する**「イメージ・マイニング」**です。

こちらの望む行動を引き出すテクニックとお考えください。


たとえば、あなたの友だちがラーメン屋をオープンしたとします。

「どんなラーメン出してるの？」

と、質問したあなたに、

「魚介系の塩ラーメンだよ。毎日、新鮮な魚を仕入れて、アラを一度火で炙《あぶ》ってから炊き上げたものをベースにスープをとってるんだ。麺は2種類の小麦粉をブレンドさせた細麺。スープと抜群の相性なんだよね。一度食べに来てよ」

友だちはこう説明をしてくれました。

数日後。まだ友だちのお店に行けていないあなたに、別の友だちが聞いてきました。

「あいつがオープンしたラーメン屋って、どんなの出してるの？」

なんと答えますか？

「……『魚介系』くらいしか答えられない」

そうなんです。**「説明」されたことって、ほぼ記憶されないのです。**

もっと言えば、行動も引き起こさないから、店に足を運んでもらえません。

私の事例でもみていきましょう。

私が実業で『モンキーフリップ』というアイウェアブランドを経営しているのはお伝えした通りですが、講師として登壇した場所でそのことをお話しすると、

「モンキーフリップの眼鏡って、どんなのですか？」

と、よく聞かれます。

「説明」で答えると次のような感じです。

「眼鏡ってプラスチック製のものと金属製のものに分けられるのですが、モンキーフリップが得意としているのはプラスチック製でボリューム感のあるものです。そこにロックとかバイクとかスケートとかタトゥなどのストリートカルチャーからインスパイアされたモチーフをデザインしています。サイズ的にはやや大きめで作っているので、一見、重い感じがするんですが掛け心地は悪くありません。お値段は1万円台のお求め安い価格になっています」

どうですか？

「まったく頭に入ってこない」

ですよね。

聞いているけど、なにも入ってこないですよね。

バイアス・コントロールで相手の興味を引き、質問させることができても、いざ自分のビジネスについてこんなふうに語っていたら、相手の興味はあっという間に薄れてしまいます。

なぜ興味が薄れるかというと、スペックを並べた「説明」をしているだけだから。特徴や性能や素材やサイズといった**スペックの説明は人の耳を閉じさせてしまう**のです。

翻《ひるがえ》って世の中を見てみると、こういう伝え方があまりにも多い。

90%以上の人がスペックの説明をしていると言っても過言ではありません。

ビジネスの話でも、映画や本の紹介でも、ラーメンやカレーを語るときでも、スペックの説明に終始しています。

だから相手の心になにも染み入らないし、覚えてすらもらえないのです。

相手の行動を操作する技術

相手に興味を抱かせ続けるにはどうするか？
「モンキーフリップの眼鏡って、どんなのなんですか？」
と質問されたとき、私が実際にする答えをご覧ください。

「たとえて言うと、バロットみたいな眼鏡です」

「はあ、なにそれ？　そもそもバロットってなんだよ」

って、なりますよね。
それこそが私の目的。第1章で説明したとおり、**人は頭の中に「?」が浮かぶと、それ**

を解消するために質問をしてくれます。

そして思惑通り「バロットってなに？」という質問がきたら、「口で説明するのが難しいので画像をお見せしますね。ただ、ちょっとグロテスクなので気をつけてください」

と言いながらスマホで検索したバロットをお見せする。

ちなみに、バロットというのはフィリピンでよく食べられている、孵化《ふか》直前のアヒルの卵を茹《ゆ》でた料理。殻を割るとほぼ雛《ひな》の形になった具が出てくるという、じつにインパクトあふれるビジュアルをしています（大丈夫そうな方はぜひ検索してみてください）。

相手がスマホでバロットを見たことを確認したら、次のように続けます。

「ご覧の通りバロットは、見た目かなりのインパクトです。でも、食べるとものすごく美味しいんですよ。一回食べるとクセになる美味しさです。モンキーフリップの眼鏡も同じ。見た目が派手なので敬遠されがちですが、一度身につけてもらうと掛け心地がいいですし、クセの強さが逆に中毒になり、リピーターになってくださる方が多いんです」

そして会話を終えます。

すると相手は俄然《がぜん》モンキーフリップに興味を持ち、ネットで検索をしてくださったり、お近くの場合は店舗に足を運んでくださいます。

おわかりになりましたでしょうか。

私が相手にして欲しいのは、**「モンキーフリップに興味を持ち、自ら（検索や来店という）行動を起こしてもらうこと」**です。

だからといって最初から、

「ホームページがあるので、よかったら検索してください」

「大須に店舗がありますから、ぜひお越しください」

と言ったらどうですか？

みなさん大人ですから、「そうなんですね。じゃあ調べてみます」とか「近くに行ったら寄ってみます」とは言ってくださるでしょう。

でも、ほぼ確実にその行動は起こさない。

全然モンキーフリップに興味が湧いていないからです。

さらに言うなら、私から行動を指図されたことで心理的リアクタンスが働き、私やモンキーフリップへの抵抗感すら持ってしまうかもしれません。

だから私は「バロット」を使った伝え方をします。

まずモンキーフリップに興味を持ってもらうためです。

正確にはモンキーフリップそのものでなく、**「このグロテスクなバロットみたいな眼鏡って、どんなデザインなんだろう？」**という興味ですが、そこから発生する行動は「モンキーフリップを検索する」あるいは「モンキーフリップの実店舗を訪れる」という、私の意図したものになります。

スペック羅列《られつ》型の説明ではなく、**相手の頭の中にイメージを埋め込むことでこちらの望む方向に行動させる。**

これが「イメージ・マイニング」というズルいテクニックです。

イメージは記憶に深く刻み込まれる

イメージ・マイニングはいまお伝えした通り「相手をこちらの望む方向に行動させる」テクニックですが、じつはもう1つ、**「相手の記憶に焼きつける」**という目的もあります。

体感していただいたほうが早いと思いますので、早速やってみましょう。

次のページの数字を15秒間で覚えられるだけ覚えてください。

15秒経ったら、覚えた数字を紙に書きとめるか、スマホに打ちこむなどして、記録しましょう。

そして、もう一度数字を見て、どれくらい正確に覚えていたかを確かめてください。

96182824649237958103633373246

私は小学校で講演する機会をいただけたときは、必ずこれにトライしてもらいます。

結果、小学生たちは低学年でも14～15桁くらいまでは正確に記憶します（あなたは、低学年の小学生たちと比べてどうでしたか？）。

次に左ページのイラストをご覧ください。

イラストを見ながら左上から時計回りにこう覚えましょう。

黒い蜂庭に（9618282）
よろしく兄さん（464923）
泣く怖いお猿さん（795810363）
南に城（373246）

コツは数字を覚えようとしないこと。

イラストそのものをイメージとして頭のスクリーンに焼きつけてください。

そしてそのスクリーンにテロップとして数字を流すのです。

先ほどと同じように15秒チャレンジして、答え合わせまでしてみてください。

これがまさに「イメージ・マイニング」です。


小学生はイメージ・マイニングだとすべての数字を間違いなく記憶します。

あなたも数字をそのまま記憶した先ほどより、イメージ・マイニングしたいまのほうが、段違いに頭に残ったことを体感いただけたのではないでしょうか。

加えてイメージ・マイニングで覚えたものは、必要なときにすぐに思い出すことができます。イメージを浮かべると自動的に数字がついてくる感覚です（私は自分が使う5枚のクレジットカードの番号をこの方法で覚えています）。

これは相手にイメージ・マイニングが成功したら、相手はことあるごとに自分のことを思い出してくれるということでもあります。

あなたが今後バロットを見たときに、モンキーフリップを思い出すようにです（笑）。


ちなみにイメージ・マイニングは、『羊たちの沈黙』などに登場する、天才的な頭脳を持つ殺人者ハンニバル・レクター博士が記憶術として使っている「マインドパレス（記憶の宮殿）」と同じ原理です。

「マインドパレス」のやり方はネットで検索すると出てきますので、興味のある方は「マインドパレス」や「記憶の宮殿」で検索してみてください。

以上、**「イメージは記憶に焼きつく」**ことを体感いただきましたが、じつはイメージと記憶に関する実験は、世界中で多く行なわれています。

ここではスタンフォード大学の認知心理学者、ゴードン・バウアー（Gordon Howard Bower）が模擬裁判を使って行なった実験をご紹介しましょう。

【模擬裁判における事件の概要】

- サンダースという人物が車を運転していた。
- サンダースは一時停止の標識で止まらなかったため、ゴミ収集車と激突してしまった。
- サンダースは、車に乗る前にパーティーに出席していた。

●血中アルコール濃度は事故当時検査されなかったので、サンダースがパーティーでお酒を飲んでいたかどうかはわからない。

このような状況設定のもと、陪審員《ばいしんいん》役の人たちに次の2つの証言が出されました。

Ａ　サンダースはパーティーの帰りにドアから出た時ふらついて、料理テーブルにぶつかりボールを床に落とした。

Ｂ　サンダースはパーティーの帰りにドアから出た時、ふらついて料理テーブルにぶつかり、ワカモレディップの入ったボールを床に落とし、毛足の長い白いカーペットにワカモレを撒き散らした。

※ワカモレとは、メキシコ料理などに使われるアボカドをつぶしタマネギやトマトを加えた、鮮やかな緑色のクリーム状のサルサソースのこと。

さて、どちらの証言に触れた陪審員のほうが「サンダースは酒を飲んで酔っていた」と判断したと思いますか？

はい、ご想像の通り、Bの証言を聞いた陪審員のほうが「サンダースは酒を飲んで酔っていた」という判断を下しました。

バウアーはこの実験結果から、**「より鮮明にイメージできたものは記憶に定着しやすい」**、そして**「より鮮明にイメージできたものは、その後大きな行動を起こしやすい」**という結論を出しています。

「相手にイメージを埋め込むことが大切なのはわかった。けど、それ、どうやってやればいいんだよ」

当然、そうなりますよね。

ただ、ここではもう少し世界で行われてきた実験のお話しをさせてください。

イメージ・マイニングが揺り動かしていく「無意識」に関するお話で、マーケティングなどのビジネスフィールドから恋愛まで広く応用できる世界最先端の知見です。

＊「理屈はいらないからとにかくテクニックがほしい」という方は114ページまで飛ばしてください。

Theory 無意識

これからお話しするのは、「無意識」に関する知見です。

ここをご理解いただくことによって「イメージ・マイニング」への取り組みが変わってくるため、押さえておいていただきたいのです。

ただし、無意識の話はかなり奥が深いので、実践に役立つところだけを、かいつまんでご説明します。

大原則からいきましょう。
fMRI（functional Magnetic Resonance Imaging：脳や脊髄《せきずい》の血流動態反応を視覚化できる技術）の進化により、現代では脳の中の活動状況を調べられるようになりました。その結果として、現代の心理学や脳科学の世界では、

「人間の行動のほとんどは無意識が決定している」

と言われるようになっています。たとえばハーバードビジネススクールのジェラルド・ザルトマン（Gerald Zaltman）は、次のように述べています。

「人間の脳は5％の意識的活動と、95％の無意識的活動に分かれる」
「意識的活動は全体の5％しかなく、それも95％の無意識的活動によってもたらされた結果の自己解釈に過ぎない」

つまりザルトマンは「私たちの活動は１００％無意識によって決定されている」と言っているわけです。

少しリアルにイメージしていただくため「自転車に乗っているとき、小さな子どもが飛び出してきた」というシーンを想定してみます。

当然、ブレーキをかけて自転車を止めますよね？　そして自転車が小さな子どもに当たることなく止まったとしましょう。

そこであなたはこう言うはずです。

「あぁ、びっくりしたぁ」

なにか、変に感じることはありませんか？

「え？　とくになにも……」

では、この一連の流れを図にしてみましょう。

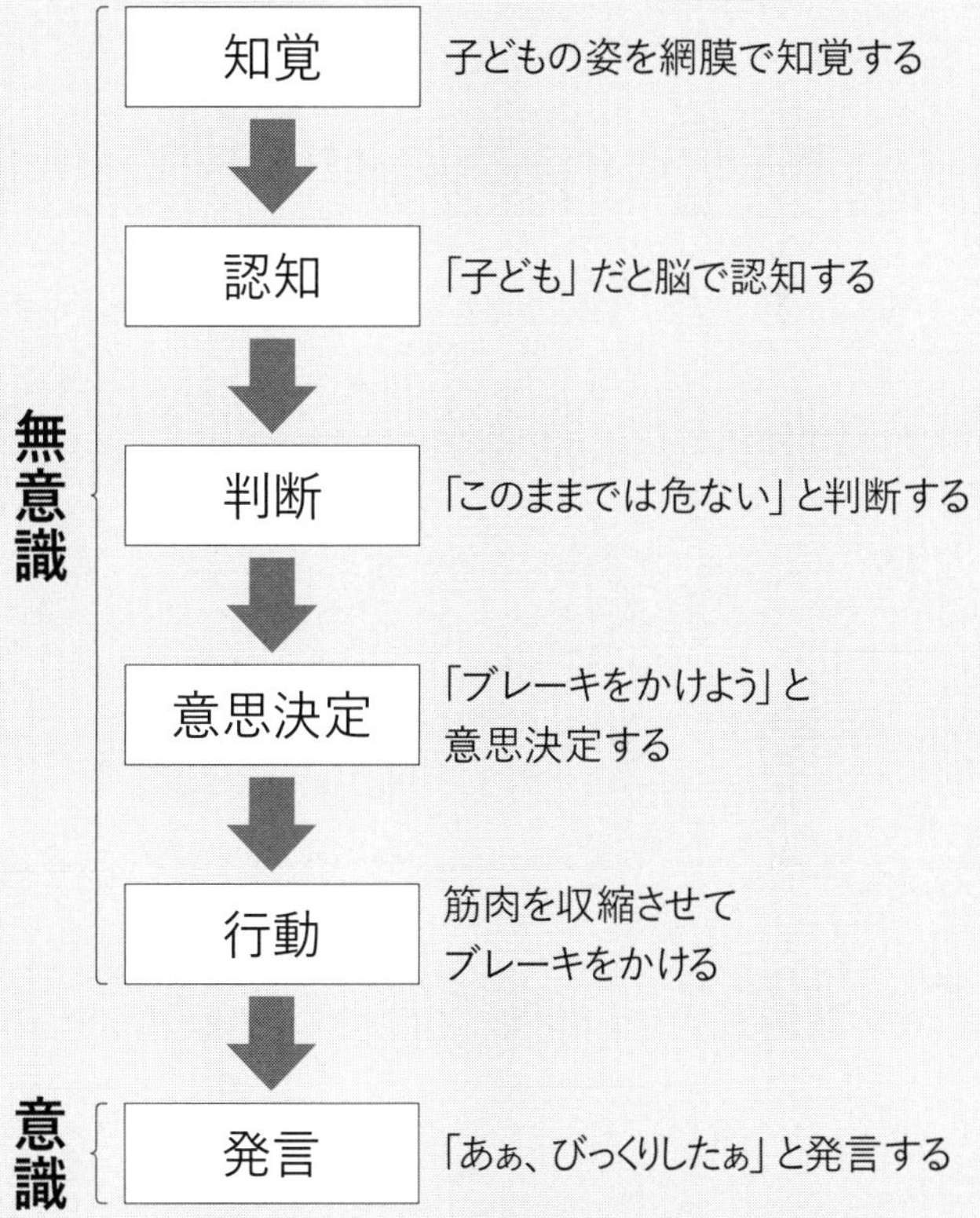
無意識
知覚
子どもの姿を網膜で知覚する
認知
「子ども」だと脳で認知する
判断
「このままでは危ない」と判断する
意思決定
「ブレーキをかけよう」と意思決定する
行動
筋肉を収縮させてブレーキをかける
意識
発言
「あぁ、びっくりしたぁ」と発言する

私たちはまず、「小さな子が飛び出してきた」という事実を網膜上で知覚します。続いて脳が「小さな子が飛び出してきた」と認知する。

そこで「危ない」という判断があり、「ブレーキをかけろ」という指令が出される。結果、筋肉が動いてブレーキをかける。

ここまではすべて無意識が行なっていて、要する時間は0・5秒と言われています。意識が動くのはそのあと。だから、意識の領域である言葉としては「びっくりしたぁ」という過去形になるのです。

「なるほど。無意識の指令によって行動が終わったあとに言葉を発するから、過去形になるわけか」

はい、その通りです。

無意識は私たちの行動を制御します。それは血液循環や呼吸、消化や排泄《はいせつ》などといった自律神経の領域だけの話ではありません。

ザルトマンが「5%の意識的活動も、95%の無意識的活動によってもたらされた結果の自己解釈に過ぎない」と言うように、私たちが「意識して行動した」と思い込んでいる領域でも、じつは無意識によって決められてしまっていることがほとんどなのです。

もう1つ、数字として出されている実験結果をお伝えしましょう（下表）。

ドイツ・ハイデルベルク大学生理学研究所のマンフレート・ツィメルマン（Manfred

	感覚系の総帯域幅 (bit/sec)	意識の帯域幅 (bit/sec)
視覚	10,000,000	40
聴覚	100,000	30
触覚	1,000,000	5
味覚	1,000	1
嗅覚	100,000	1
五感合計	**11,201,000**	**77**

Zimmermann）の実験です（前ページの表内で「感覚系の総帯域幅」とされている部分が「無意識の総帯域幅」だと考えてください）。

ご覧いただく通り、意識の五感が受取っている情報量は、無意識の五感が受取る情報量のたった0・00068％に過ぎないのです。

「無意識がすごいのはよくわかったよ。でも無意識って意識できないんでしょ。一体どうやって動かせばいいの？」

そこにつきましても、世界中でいろいろな実験が行なわれています。
その代表的なものをご紹介しましょう。

流れているBGMで売上が変わる

２０１７年にノーベル経済学賞を受賞したシカゴ大学の行動経済学者、リチャード・セイラー（Richard H. Thaler）が行なった実験です。

場所は、イングランドのとあるスーパーマーケット。ワインの棚にフランスのワインが４本、ドイツのワインが４本、計８本を並べます。そして「フランスをイメージするBGM」と「ドイツをイメージするBGM」を一日おきに流し、ワインの売れ方にどんな影響が出るかを調べたのです。

結果、**フランスをイメージするBGMが流れている日に売れたワインの中で、フランスのワインが占める割合は77%。ドイツをイメージするBGMが流れている日に売れたワインの中で、ドイツのワインが占める割合は73%でした。**

これだけでも興味深い結果ですが、セイラーはフランスをイメージするBGMが流れている日にフランスのワインを購入した人（及び、ドイツをイメージするBGMが流れている日にドイツのワインを購入した人）に、次の質問をしました。

「あなたがいまそのワインを買ったのは、店に流れている音楽と関係ありますか？」

この質問に対し、「そうなんです！　流れている音楽に誘われて買いました」と答えたのは、わずか7人に1人。

その他の6人は、店内に流れている音楽についてまったく覚えて（意識して）いませんでした。

無意識の世界は五感やイメージでできていて、その中から言葉にして理解をしなければならないものだけが意識に上がってくる。

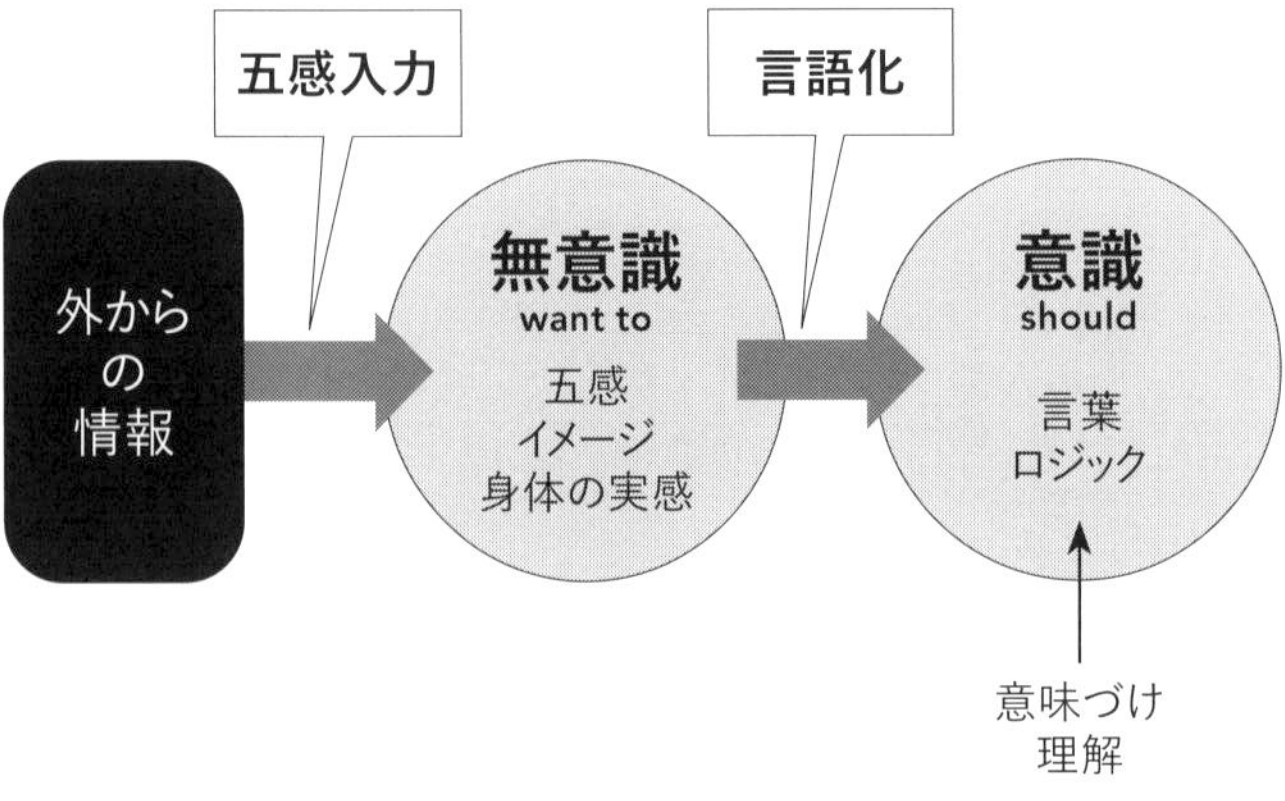

つまり意識に上がってくるのは無意識が知覚したうちのほんの一部の情報ということ（95ページでご紹介したとおりです）。

だから五感への刺激という形で、無意識に介入すると**「言葉では理解していないのに行動を喚起されてしまう」**ということが起こるわけです。

もちろんこれは聴覚に限ったことではありません。

視覚に関する実験と、嗅覚に関する実験もご紹介しましょう。

そこに「目」があるだけで行動が変わる

イギリスのニューカッスル大学で心理学を教えているメリッサ・ベイトソン（Melissa Bateson）の「誠実の箱」という実験です。

この実験は、ある会社のドリンクコーナーで行なわれました。

そのドリンクコーナーは自動販売機ではなく、置いてある箱に自発的にお金を入れるシステム。ちょうど目の高さくらいの位置に、飲み物の値段を記した貼り紙が貼ってありました。

ベイトソンは10週間にわたって、このドリンクコーナーで飲まれた飲み物の量と箱の中に入っていた金額を調べました。

結果、偶数週に比べて奇数週は2倍から3倍のお金が箱に入っていたのですが、**差が出た理由は、金額の書いてあるポップに添えた写真。**

偶数週は「花」の写真、奇数週は「目を中心とした人の顔」の写真を添えたのです。

奇数週は、文字通り「人の目」が気になって、ちゃんとお金を払う人が増えたということです。

ベイトソンも実験終了後、利用者全員に写真について質問をしています。

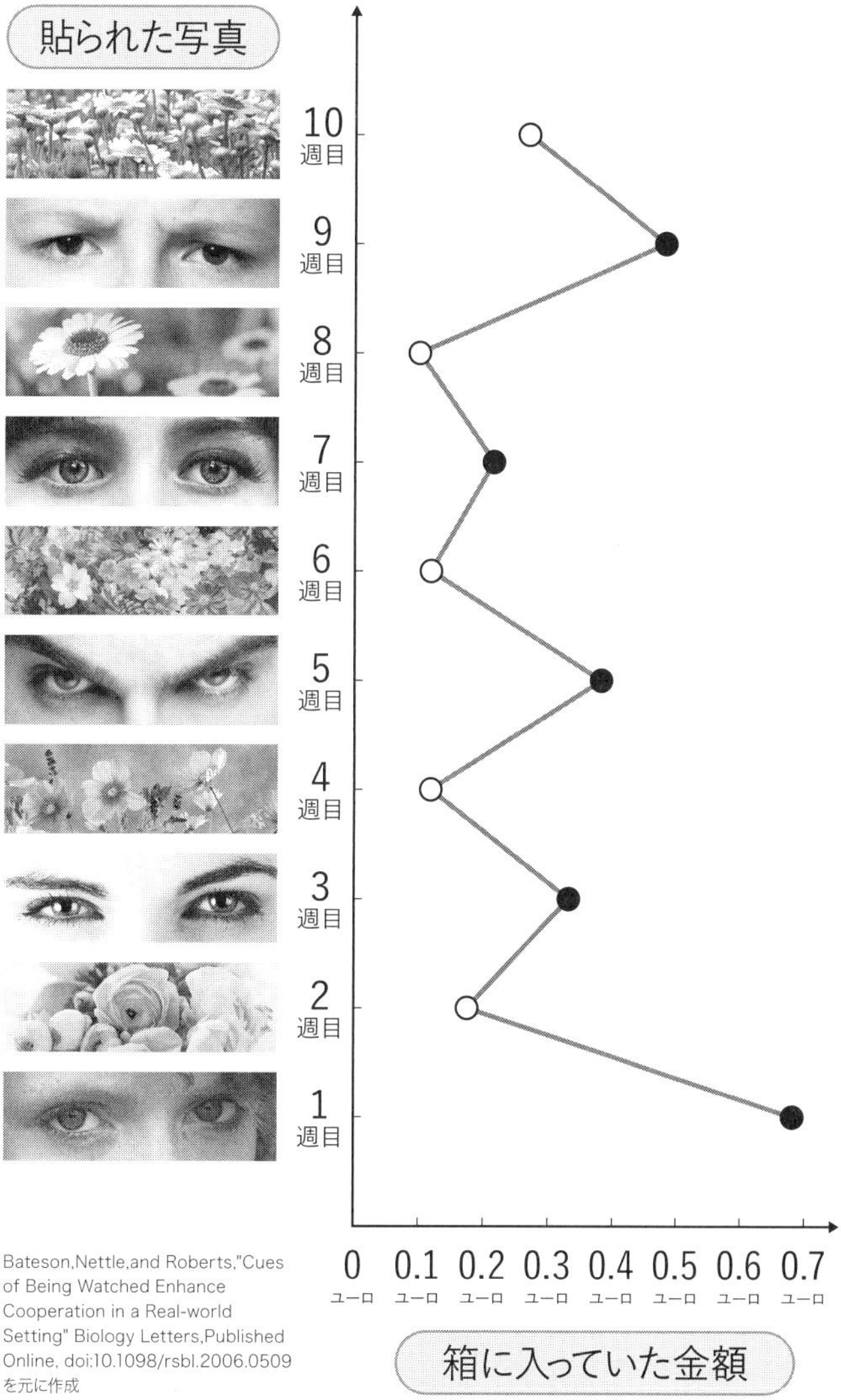

Bateson,Nettle,and Roberts,"Cues of Being Watched Enhance Cooperation in a Real-world Setting" Biology Letters,Published Online, doi:10.1098/rsbl.2006.0509 を元に作成

ここでもほとんどの人が、週代わりで写真が入れ替えられていたことに気づいていませんでした。いえ、それ以前に、貼り紙に写真が添えてあったことすら意識していなかったのです。

つまり**「見られている」と意識は気づいていないのに、無意識はしっかりキャッチして、それによって行動が変わった**わけであり、視覚に関するわかりやすい実験と言えましょう。

「におい」や「天気」も人の行動を操る

続いて「におい」に関する実験。

コルゲート大学のドナルド・レアード（Donald Anderson Laird）がニューヨークに住む主婦250人に行なったものです。

レアードが行なったのは、ストッキングを4つ渡して、「品質を確かめ、4種類の中から一番よいものを選んでください」というお願いでした。

ですが、じつは渡したストッキングは4つともまったく同じもの。違いは、それぞれにつけた「水仙」「フルーツ」「サッシェ（sachet：香り袋）」「無臭」というにおいだけでした。

はたして結果は以下の図のようになりました。

レアードは主婦たちに、「あなたはどうしてこのストッキングを選んだのですか？」と理由を尋ねています。

それに対して主婦たちは「生地《きじ》がいい」「手触りがいい」「光沢がいい」「スタイリッシュ」など、理由をよどみなく語ったということです。

まったく一緒の製品なのに、です。

	一番に選んだ人の割合
水仙	50%
フルーツ	24%
サッシェ	18%
無臭	8%

反対に「におい」について語った人は、250人中にたった6人しかいなかった、とレアードは発表しています。

そのほかにも体感覚に関する研究で、おもしろいものがあります。

アメリカのレストランで行なわれた天候に関する実験です。

単純に、晴れた日と雨の日とでウエイトレスが受け取るチップに差が出るかを調べたものですが、結果、**ウエイトレスは晴れた日のほうが多くのチップを受取っている**ことがわかりました。

「今日は晴れているからチップを多めに渡そう」などとはまったく意識していないのに、晴れているという情報を無意識が知覚するだけで経済活動に差が出たのです。

もしこれが全人類共通なら、晴れた日には全世界で経済活動が活発になるということですよね？

と、私が興味を持つくらいですから、天気についてはすでにこんな研究があります。晴れた日と雨の日で株価にどんな影響が出ているか、過去30年間の全世界の株式市場の株価を調べたという研究です。

結果……**すべての株式市場で晴れている日のほうが株価が上がっていました。**

「無意識への介入が行動をコントロールするのはわかった。でも、音とかにおいって、個人が普段のコミュニケーションで使うのは難しいよね」

はい、この章の最後にはすべてスッキリさせるのですが、もう少しだけ前置きにおつき合いください。

先の章でお伝えした厄介者「心理的リアクタンス」と言葉の関係についてです。

言葉による説明はだいたい失敗する

心理的リアクタンスについて復習をしましょう。

「自分の自由が奪われたと感じたとき、それを回復しようとして生じる心理作用」でした。この力は非常に強く、こちらの望みを通そうとするときに大いなる邪魔者となるのは前述の通りです。

そして、心理的リアクタンスを生む最大の原因が「言葉」なのです。

言葉は意識に入り込むからです。

意識に入り込んだ説明には、自動反応的に心理的リアクタンスが発動する。そしてこちらの望む行動を阻害《そがい》するのです。

「よくわからない……」


具体例でいきましょう。

土用《どよう》の丑《うし》の日を想像してください。

最近ではコンビニでもウナギを取り扱うようになってきました。私の近所のコンビニは店長さんが非常にやる気のある人なのか、丑の日が近くになると、次のように売り込みをかけます。

「ウナギウナギ、ウナギ弁当のご予約を承《うけたまわ》っております〜。あたたかくふっくらとしたウナギ弁当のご予約はいかがでしょうかぁ〜」

店内にいると結構な頻度で叫ぶのですが、これを聞いて「ウナギを予約しようかな」と思うでしょうか？


「そりゃ思わないよ。てか、ウザいよ」

ですよね。

私も言葉にはなってなくてもウザいなぁと感じ、「これからはほかのコンビニに変えようかな」とさえ考えてしまいました。

そのコンビニの向かいが牛丼屋なんですね。コンビニを出ると牛丼屋からウナギを焼くいい香りが漂ってくる。

そうすると無性《むしょう》にウナギが食べたくなってきて、お腹が減っていると食べてしまうわけです。


ここ。ここがとても大事です。

こちらに「説得」の意図など微塵《みじん》もなく、ただ丁寧に「説明」をしよう、あるいは有益な「提案」をしようと思っていたとしても、**言葉という手段を使った時点で相手の心理的リアクタンスを引き起こす可能性が高い**のです。

もちろん、時と場合によって程度の差はありますが、言葉――もっと正確に言うなら**「言葉による直接な説明や提案」はほとんどの場合で心理的リアクタンスを引き起こし、うま**

くいかないと考えたほうが無難でしょう。

それを超える言葉遣いこそが、イメージ・マイニングなのです。

イメージトレーニングは実際のトレーニングと同じ効果がある

目の前にレモンがあると想像してください。

フレッシュで酸っぱそうなレモンです。

そのレモンを横にして、真ん中あたりでナイフを入れ、2つに切ります。つやつやとした断面からは、酸味を含んだ柑橘《かんきつ》系のにおいが香ります。

どちらか1つを手に取って、口の前まで持ってきて、そしてガブッとかじったところをイメージしてください。

いかがですか？

口の中に唾液が出たのではないでしょうか（多くの方はそうなります）。

目の前にレモンがなく、レモンの匂いがしたわけでもないのに、本当にレモンをかじったときと同じ反応を身体はしたということです。

これがイメージの力です。

イメージトレーニングという言葉があるように、イメージには行動を変える力が備わっています。

オーストラリアの心理学者、アラン・リチャードソン（Alan Richardson）が行なった実験をご紹介しましょう。

リチャードソンは学生を3つのグループに分け、次の方法で20日間バスケットボールのフリースローの練習をさせました。

Aグループ：毎日フリースローの練習をする。

Bグループ：1日目と20日目だけフリースローの練習をする。
Cグループ：1日目と20日目だけフリースローの練習をして、その他の日は毎日20分、イメージトレーニングをする。

Cグループが行ったイメージトレーニングの方法は、まず自分がフリースローをしている場面を思い浮かべ、「失敗」したら次のスローは「成功」するようにイメージするというものでした。
20日後の上達率は次のようになりました。

Aグループ：24％
Bグループ：0％（つまりまったく上達しなかった）
Cグループ：23％

着目すべきは、毎日練習していたAグループと、ほぼイメージトレーニングだけしていたＣグループの上達率が変わらないという点です。

関連する研究を、もう１つ紹介させてください。

ＮＡＳＡ（アメリカ航空宇宙局）で研究員として勤務した後、カリフォルニア州バークレーにあるパフォーマンス科学研究所の所長を務めたチャールス・ガーフィール（Charles Garfield）の研究です。

ガーフィールは、旧ソビエト連邦が肉体的な運動能力とイメージトレーニングとの関係をかなりくわしく研究していたと発表しています。

たとえば、１９８０年にアメリカで開催されたレイクプラシッド冬季オリンピックに臨む選手たちを次の４つのグループに分けて行なった研究があります。

Ａグループ：練習時間の１００％を実際の身体を使った練習に使う。

Ｂグループ：75％を身体練習に、残りの25％をそれぞれの種目での正確な身体の動きや、達成したい成績を想い描くイメージトレーニングに使う。

Cグループ：身体練習とイメージトレーニングを50％ずつ使う
Dグループ：25％を身体練習に、75％をイメージトレーニングに使う。

はたしてどのような結果が得られたかというと、良い成績を残した順に、
Dグループ　＞　Cグループ　＞　Bグループ　＞　Aグループ
でした。
つまり、イメージトレーニングに費やした時間が高い順に、良い成績を収めたのです。

イメージの力はこれだけ強い。
だから相手にイメージさせることによって、その人を行動させることができるのです。

自然な流れで相手をデートに誘う方法

では、この強力なイメージ・マイニングを実際に使っていきましょう。

あなたに気になる異性（同性でもかまいません）がいるとします。

その相手がタイ料理が好きという情報を得たので、あなたの地元の美味しいタイ料理店に誘ってみようと思いました。

さあ、どうやって誘いますか？

「あのさ、君、タイ料理が好きって聞いたんだけれど、僕の地元にすごく美味しいタイ料理屋さんがあるんだ。シェフはタイで3年修行してきた日本人だから、日本人の口に合うし、料理の種類も30種類以上と豊富だし、地元ではすごく美味しいって評判なんだよね。騒がしくなくて雰囲気もいいんだ。ちょっとわかりづらい場所にあるか

ら一緒に行かない？」

なるほど。でも、ごめんなさい。

それはスペックを説明するだけの、典型的なダメな誘い方です。まだ関係が深まっていない相手に対して、シェフの経歴やメニュー数、雰囲気や周囲の評判といったスペックを語っても心を動かすには至りません。

仕事上での「報告・連絡・相談」が心を動かさないのと同じで、理解はしても心は動かないのです。

それどころか最初から「一緒に行かない？」と直球を投げ込むと、いきなりすぎて相手は心理的リアクタンスを抱く可能性が高い。つまり、あなたの誘いには乗ってもらえないということです。

「じゃあ、どう話すのが正解なんだよ」

相手のイメージを動かすのです。

具体的には相手の頭の中にイメージを刷り込み、それによってこちらが望む行動を促していくのです。たとえば、こんな感じです。

「あのさ、君、タイ料理を好きって聞いたんだけれど、ちょっと聞きたいことがあるんだよね。僕の地元にタイの絶品スープを出すお店があるんだ。そのスープの名前はなんて言ったかな。トムヤンクンでないことは確か。だってまずスープの色が乳白色で、見ただけで優しい味だってわかる色だからさ。

そのスープ、卓上で火にかけられる銀の大きなボールに入って出てくるんだけど、出てきた瞬間、テーブル中にレモングラスの爽《さわ》やかな香りがフワッと漂うんだよね。爽やかなだけじゃなくて甘い匂いも混じってるんだ。一口含むと、まずやってくるのが甘味。そう、甘いんだよ。べたつかないフルーティな甘味っていうのかな。で、すぐその後からタイ料理ならではのコクのある辛さがやってくる。甘さと辛さ、そこにパクチーのフレッシュな香りも混じって、もう『幸せ』って言葉しか出てこない、そんなスープなんだ。君、そのスープの名前知らない？」

これは、体裁《ていさい》としてはスープの名前を聞いています。だから心理的リアクタンスが起こることはまずありませんよね。

けれどその裏で、自分の好きな料理でイメージを揺り動かされるので「食べたいな」と無意識が動く確率が高い。

すると、この質問に対して、

「トムカーガイじゃないかな。美味しそう、食べたいな」

などの答えが返ってきます。

ここが、GOサイン。「美味しそう、食べたいな」と心が動いたところで、「ちょっとわかりづらい場所にあるから一緒に行こうよ」と話していきましょう。

言葉によって相手のイメージを喚起し、こちらの望む行動を促していく。

これがイメージ・マイニングのやり方です。

原理的な部分はこれですべてお話ししましたので、ここからは具体的な使い方をご紹介していきます。イメージ・マイニングの手法は次の5種類あります。

●ファクト
●シミリ
●アナロジー
●ショート・メタファー
●ロング・メタファー

それぞれ、くわしく見てきましょう。

ファクト：自分の話の信頼性を裏づける

ファクト（事実）は、**「エビデンス」**と言われることもあります。
人の心はなにか新しいことを聞いたとき「それ、本当なの？」と疑うメカニズムを持っています。「知らないこと」に危険があった太古の時代からの経験がＤＮＡに刻まれているからです。

たとえば、意中の相手に告白する勇気がない女性がいるとしましょう。
彼女が、いまの状況を打開するための心理テクニックを求めて私のところに来たとします。そこで私が、

「簡単ですよ。８秒以上、相手の目を見つめてください。上手くいけば彼はあなたに恋をしますし、最低でもあなたに好意を持つでしょう」

と言ったとします。さて彼女はどう感じるでしょう？

「そんなの信じられない！」

でしょうね。人はそれまで触れたことのないものや考え方に出会うと、自動反応的に拒絶する心理メカニズムをもっていますから（179ページでくわしくご説明します）。

それを超えるのに有効なのがファクトです。ファクトには大きく3種類あり、下の図のようになっています。

一番下にあるのは**「権威の意見や理論」**です。私も本書で、ここまでにいくつかファクトを使っています。海外の心理学者などが行った実

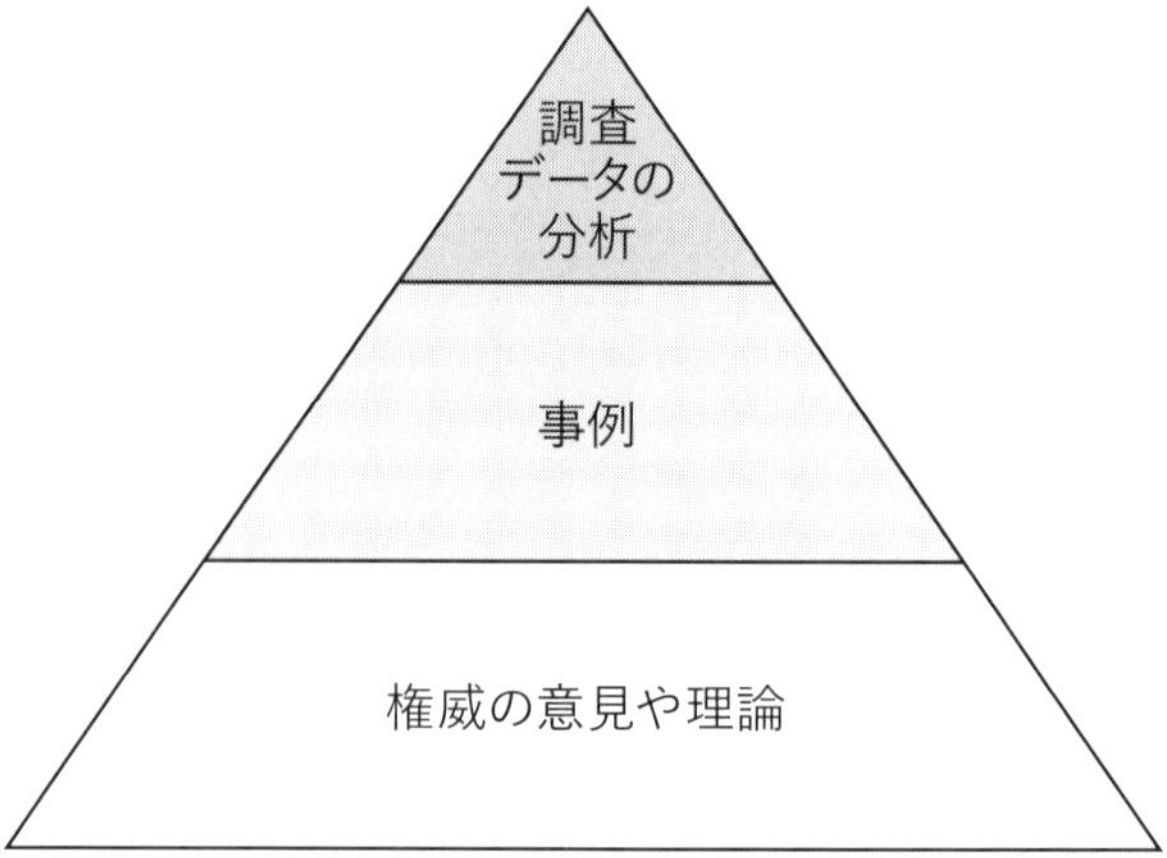

験結果を参照しているのがそれです。

もしあなたが、岸正龍という人間の言葉が信じられなくても、私の主張がたとえばノーベル経済学賞を受賞した人の考えに基づいているとわかった途端に「信用できるかも」と感じたなら、それはファクトの力を体感したということです。

「8秒以上、目を見つめる」というアドバイスに、「権威の意見や理論」を入れるとどうなるか……やってみましょう。

「いまからお話しするのは2009年に『Archives of Sexual Behavior』という学術雑誌で発表された論文の内容です。具体的には、イギリスで行なわれた視線に関する実験です。どんな実験だったかというと、俳優や女優と会話をしている115人の学生の視線を隠しカメラを使って気づかれないように追跡して、あとから学生に、話した相手の魅力について評価してもらうという内容でした。

すると、男性の視線についておもしろいことがわかりました。彼らが『魅力的でない』と評価した女優が男性の目を見つめていた時間が平均4・5秒だったのに対して、『魅力的だ』と評価した女優は8・2秒間見つめていたのです。

この結果から論文は『女性が8・2秒以上、男性の目を見つめていると、彼は目の前の相手を魅力的だと感じる』と結論づけたんです。いかがです？　8・2秒、彼の目を見つめてみませんか？」


このように言われると「やってみようかな」という気になったりしないでしょうか。

「だけどそれって、実験の中だけの話で、実際には使えないやつじゃないの？」

はい、そうなんです。「権威の意見や理論」にはそうした疑念がつきまといます。

そこで先ほどの図のピラミッドの真ん中、**「事例」**の登場です。

「実際に効果を上げた人がいる」という事実はくつがえせないため、「権威の意見や理論」に重ねて伝えると効果的。本書でも折に触れ、私が実際に使った話をしているのは、「事例」の効果を狙ってのことです。

「目を見つめる」というアドバイスに「事例」を入れるなら、こんな感じでしょう。

「ちょっと私の話をさせてくださいね。

時計メーカーが、ある女優さんに8・2秒見つめられる動画を公開したことがあったんです。私はすぐに『イギリスで行われたあの実験を使ってるな』とわかりました。でも、元の実験はリアルに見つめられるもので、それは動画に過ぎません。さすがに動画じゃ効果ないだろうと思いながら、実験台になるつもりで見てみたのです。

そうしたら……いや、動画だからってバカにしちゃダメですね。見てみるまでその女優さんのこと、まったく知らなかったんですが、動画を見終わった瞬間にファンになり、それからずっと熱烈なファンです。本当、すごい効果でした。シチズンが作った有村架純さんに8・2秒見つめられる、あの動画」

「事例」は数が集まればさらに強力になります。

信頼度が増すのに加え**「バンドワゴン効果」**（多くの人が支持しているものを自分も支

持したくなる心理メカニズム）も効いてくるからです。

しかし、ここには大きな欠陥が隠れています。わかりますか？

「上手くいかなかった事例は出てこないってことだろ」

さすがカステラくん、その通りです！

だからファクトとしての最高峰として、成功も失敗も含めて集めた**「調査データの分析」**がくるのです。

集めるデータの量や質によっては慎重になる必要はありますが、あなたのケースに利用できる「調査データの分析」がないか、探してみるのは悪くありません。

たとえば、以下は私のでっち上げですが、目を見つめるアドバイスだとこんな感じです。

「ここに『男性が女性を8・2秒見つめていたら、もう恋に落ちている』ということに関して、日本の結婚相談所が3万を超すデータを分析した結果があります。

この分析によると、恋に似た感情を抱いた人が34％、恋まではいかないけど好意を感じたのが58％、なにも感じなかったのはたった8％となっています。92％のケースで好意を抱くのですから、やらない手はないですよね」

「権威の意見や理論」「事例」「調査データの分析」。

この3つを上手く使って、あなたの話に信用をつけてください。

シミリ：お手本は「たとえツッコミ」

シミリとは**直喩**《ちょくゆ》のことです。イメージをより鮮明にするために、**「～のような」「～みたいな」**とたとえる表現方法です。

的確なシミリは無意識にしみ込みます。よりイメージが鮮明になるからです。

ただ「雲」とか「豪速球」と言われるより、「柔らかく身体を包み込んでくれるような雲」とか「風を切り空を焼くような豪速球」と言われたほうが、生々しい情景が頭に浮かびますよね。

そして89ページのバウアーの実験でご紹介したように「より鮮明にイメージできたものは、その後大きな行動を起こしやすい」。つまり、相手にこちらの望む行動を促していけるわけです。

ただし、ご注意ください。

「綿のような雲」「矢のような豪速球」のように慣用句となってしまっているシミリはイメージを動かしません。慣用句となると聞こえ方としてはスペックと同じになるので、無意識を動かす力を失うのです。

逆にお手本にしたいのは芸人さんたちの「たとえツッコミ」。

とくに「くりぃむしちゅー」の上田晋也さんの「たとえツッコミ」は見習うべき点が満載なので、ここでいくつか紹介させていただきます。

・1月3日の中央高速くらい遅いよ！
・レベル200のテトリスくらい速いよ！
・マリアナ海溝くらい深いよ！
・靴の中に入った小石ぐらい気になるよ！
・かぐや姫くらい身勝手だよ！
・そば屋にビーフストロガノフがあるぐらい意外だよ！
・幼稚園児が里見浩太朗に会ったときぐらいピンとこないよ！

また私は野球ファンなので、こんな「たとえツッコミ」もたまりません（わかる方だけわかってください）。

・追い込まれすぎだろ。2ストライクからの代打か！
・センターへのファールフライくらいあり得ないよ！
・次から次へとやまびこ打線か！

少しカタチは変わっていますが、構造として**「〜のような」「〜みたいな」**になっていますので、すべてシミリといえます。そしてどれも笑いを誘いつつ、イメージが揺り動かされるのを感じていただけるのではないでしょうか。

あとからシミリを追加するのも効果的です。上田さんの「たとえツッコミ」には、こんな例があります。

- 器が小さいよ。台湾の料理か！
- ややこしいよ。ベーコンレタスエッググつくねライスバーガーか！
- 振り返りすぎだろっ！　初めてのブラジャー装着か！

アナロジー：同じ構造の言葉で簡単に言い換える

続いてアナロジーを解説します。

アナロジーは日本語では**「類似・類推・類比」**と訳されていますが、これだと伝わらないと思いますので図でご説明いたします。

下の図をご覧ください。

相手にとって「未知の領域のもの」を説明する手段として、**「未知の領域のもの」と同じ構造を持ち、かつ相手にとって馴染みのあるもの（既知の領域のもの）にたとえて説明する**という話し方です。

具体的にいきましょう。

パソコンのハードディスクとメモリの違いって説明できますか？

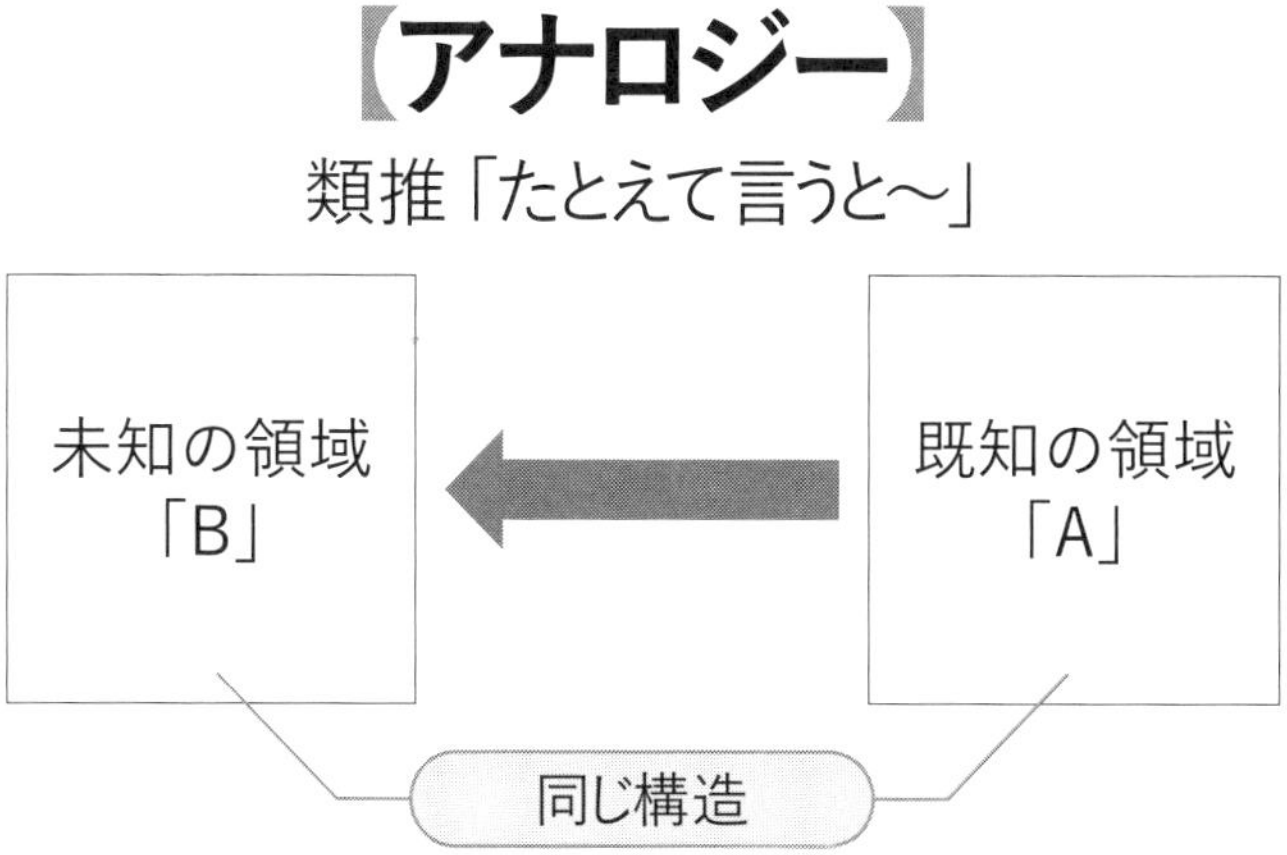

「ハードディスクはソフトやデータなどすべてを格納する部品で、メモリはパソコンで作業をする際、データを一時的に記憶する部品」

確かにその通りの説明ですが、パソコンの構造にくわしくない人にとってはこれを聞いても「?」しか出てこないと思います。

ではアナロジーを使うとどうなるか? やってみましょう。

「料理をするときを想い出してください。材料は冷蔵庫に入っていて、そこから必要なものを取りだし、まな板に載せて調理しますよね。このときの料理がパソコンでの作業、冷蔵庫がハードディスク、まな板がメモリです。ハードディスクが大きいとたくさんのデータをしまっておけます。メモリが大きいと、一度にたくさんの作業ができます」

イメージが湧きますよね。だからしっかりと伝わるのです。

ではここで、あなたにもアナロジーを考えていただきましょう。

「アナロジー」という言葉を、アナロジーを使って説明してみてください。

アナロジーを考えるときのポイントは、「要するにどういうものなのか」を整理して、それと同じ構造のものを見つけることです。

「アナロジー」はというと、要するに「わかりにくいものをわかるように伝える技術」ですよね。であれば、これと同じ役割を果たす別のものを探せばいい。

私だったら、次のように説明してみます。

「初めて聞く外国語って、まったく理解できないじゃないですか。でも、話している人には伝えたい内容がある。そんなとき、その外国語の『自動翻訳機』があれば、相手の話したい内容を理解できますよね。

アナロジーって、いまの例でいう自動翻訳機みたいなものなんですよ。相手が知らないことを、相手にわかるものに翻訳して説明することなんです」

「ちょっと待った。アナロジーが物事をわかりやすく説明することはわかった。けど『なるほどそうなのね』で終わって、相手にこちらの望む行動をさせることはできなくない？」

素晴らしい質問です！

まさにそこが一般に言われているアナロジーと、イメージ・マイニング式のアナロジーの違いなのです。

これまで繰り返し話してきたように、相手にこちらの望む行動をさせるためには、相手の興味を揺り動かさないといけません。

ですから、**イメージ・マイニングを目的としたアナロジーの場合、「わかりやすいもの」を選んではいけません。**相手の興味を引かないからです。

思い出してください。

私が「モンキーフリップのメガネ」を説明するときに、どんなものをアナロジーとして選んだか？

「バロットだろ？」

そうです。

バロットはそもそも知っている人が少ない言葉ですから、「既知の領域」という基準で考えると不適切なアナロジーです。

反面、耳なじみのない言葉であるがゆえに「ソレハナンダ？」と相手の興味を揺り動かします。

さらに見た目のインパクトが強烈なので、「バロット≒モンキーフリップ」という構図は、否応なく相手の脳内にこびりつくわけです。

イメージ・マイニング式アナロジーのつくりかた

ではあなたも、あなたのアナロジーをつくっていきましょう。

イメージ・マイニング式のアナロジーをつくるときの原則は2つ。

① **構造が同じ**
② **相手の興味を揺さぶるものでたとえる**

アナロジーをつくる助けとなるのは**「謎掛け」**です。

「B（自分のアピールしたいもの：先の例ならモンキーフリップ）とかけてA（アナロジー：バロット）と解く。その心は？」と考えていくのです。

ポイントはAを最低5個は考えること（慣れてきたら最低10個）。Aがありきたりだと、相手の興味は揺さぶられず、行動も促さないからです。
5個以上考えたら、その中でもっとも相手の興味を揺さぶるものを選んでください。

アナロジーはとくに「専門用語」の説明に威力を発揮します。

たとえば、私がマインドリーディングの拠《よ》り所としている「エニアグラム」。よく「エニアグラムってなんですか？」と聞かれるのですが、そのとき私は「コンパスつきの地図」と言ってます。

すると「どういうことですか？」と聞かれるので、次のように答えます。

「人生って視界の開けていない山道を歩いているようなところがありますよね。そのときに地図やコンパスがあれば安心じゃないですか。エニアグラムはまさにそんな地図であり、コンパスなんです。持っているからといって目的地にたどり着けるわけではないですが、持っていれば目的地にたどり着く可能性が飛躍的に上がる……そんな感じのものです」

また私がもう1つ、マインドリーディングの拠り所としている「エリクソン催眠」については「フラワーロックのようなもの」と話しています（フラワーロックをご存じない若い方にはユーチューブにあがっている動画をお見せします。それもまた「興味」を引きつけるのに一役かっています）。

「どういうことですか？」に対しての私の答えはこれ。

「フラワーロックって、音が鳴ると自動で動くじゃないですか。エリクソン催眠というのはフラワーロックにおける音のようなもので、相手がこちらが望む行動を、勝手に始めてしまうような言葉遣いです」

まずは、**よく使う専門用語やよく聞かれる質問に対して、すぐに答えられるアナロジーを作っておく**ことをオススメします。

それも対象者によって複数あると、なおいいです。「男性にはこのアナロジー」「女性には違うアナロジー」といった具合です。

やってみよう!

アナロジー

①あなたが説明しなければならない専門用語はなんですか？
あるいは、よく説明する単語はなんですか？
②その言葉と同じ構造を持つものを最低5つ考えましょう。
③その中でもっとも相手の興味を揺さぶるものを選んでください。
④アナロジーの解説は、「あなたがアピールしたいポイント」に繋がっていますか？

ショート・メタファー：友人のジョンに話してもらう

ではいよいよ、**イメージ・マイニングの核ともいえる2つのスキル**の説明に入っていきます。

「ショート・メタファー」と**「ロング・メタファー」**です。


メタファーとは**「比喩」**のこと。

平たく言えば「たとえ話」です。

先に紹介したシミリやアナロジーも「たとえ」ですから、メタファーの一種と言えます（ファクトはたとえではなく具現化ですのでメタファーには当たりません）。

イメージ・マイニングでいうメタファーも「たとえ話」で、伝えたいことに距離が近いものを「ショート・メタファー」、かなり距離があるものを「ロング・メタファー」と呼びます。

まずはショート・メタファーからみていきましょう。

イメージ・マイニングにおいてショート・メタファーは、「マイ・フレンド・ジョン・テクニック」と呼ばれている話法を指します。

「マイ・フレンド・ジョン・テクニック」とは、**会話の中に「友人のジョン」を登場させ、自分が伝えたい内容をジョンのエピソードとして伝えるテクニック**です。「友人のジョン」という第三者の話をすることから、「第三者話法」とも呼ばれています。

人は「第三者の話」として伝えられると、他人事として反発なく耳を傾けてしまう心のメカニズムを持っています。

そして知らないうちに誘導されてしまう。つまりショート・メタファーは、相手の警戒心をすり抜けるのにとても有効というわけです。

具体例のほうがわかりやすいので、私の事例でご覧いただきましょう。

私が経営する「モンキーフリップ」では、「眼鏡のカスタム」というサービスを展開し、お客さまにオススメしています（「眼鏡のカスタム」にご興味をいただけた場合は、「モンキーフリップ　カスタム」で検索。『Custom Order / Monkey Flip』をご覧ください）。

店内でフレームをお決めいただいたお客さまにカスタムをオススメするとして、こんな話し方をしたらどうでしょう。

「じつはモンキーフリップではカスタムというものをご提案しておりまして、このフレームですと×カスタムか△カスタムがオススメです。ほんの少し手を加えるだけで、まったく趣《おもむき》が違ってきますので『自分だけの一本感』が出ますよ。

それに、これまでカスタムをなさったお客さまには全員に『やってよかった！』と、とても喜んでいただいています。本当オススメですが、いかがですか？」

「別にカスタムしようかなっていう気にはならない。てか、『カスタムをした人全員がとても喜んでいる』とか、嘘くさい」

まったくそのとおりです。

提案をそのまま話すと、それがどんなに素晴らしい内容でも、相手は「売りつけられている」と無意識下で感じ、抵抗を抱いてしまうのです。

また、**自分で自分の実績をストレートに語ると「嘘くさい」と捉えられたり、あるいは「自慢っぽくて嫌な感じ」と思われてしまいます**（ここまでお読みいただいたあなたならおわかりのことと思いますが、どちらも心理的リアクタンスの仕業です）。

さらに「セールストークは都合のいいことしか言わない」というバイアスも強くあるため、提案をストレートに伝えると、「正直者がバカをみる」ことになってしまいます。

では、このカスタムの提案をショート・メタファーで語るとどうなるか。

やってみましょう。

「先日、同じフレームをお決めいただいたお客さまの話なんですが、その方、×カスタムと△カスタムをなさったんですね。
それがめちゃくちゃカッコ良かったんです！　ほんの少し手を加えただけなのに、まったく趣が違って、売ってる僕らが『マジか、カッコ良すぎる！』ってビビったくらい。というか、僕なんかすかさず真似して、同じカスタムしちゃいました。いや、お客さまの想像力はすごい。勉強させていただくことばかりです」

「あ～その言い方は気持ちが動くな。実際そのカスタム、見てみたいって思ったよ。それにさっきみたいな嘘くささは感じない」

ありがとうございます。

ショート・メタファーは本当に効くので、私は店頭でなにかをオススメするときは、ほぼ100％使っています。

たとえばカラーレンズをオススメするときに、

「そのフレームには、うちのオリジナルカラーのXが合いますよ」
という代わりに
「この前、そのフレームをお求めいただいたお客さまが、うちのオリジナルカラーのXを入れたんですが、恐ろしくカッコ良かったです！」
と伝えるわけです。

相手の警戒心を弱める効果のあるショート・メタファーは、提案のときだけではなく、セールスならクロージングあとの反論処理に使えます。それにネットショップが「お客様の声」を載せているのもショート・メタファーの効果的な使い方の1つです。

では、ショート・メタファーを作る練習をしてみましょう。
あなたはwi-fi機器を法人に販売しています。あなたの商品の特徴は、「速い」こと。数値にするとこんな具合です。セールストークとして聞いてください。

「弊社のサービスは、通信速度が速いと喜ばれています。具体的に数字で申しますと、通常は下りの平均が1・87Mbpsのところ弊社のサービスでは10・02Mbps。同じように上りの平均が通常7・27Mbpsのところ12・43Mbpsを出しております。かなり速いと思いませんか？」

おそらくまったく耳に入ってこないし、読み飛ばした方も多いと思います。スペックを語ったとしても心理的リアクタンスが働いて、そうなってしまうのです。

ここをクリアするのがショート・メタファーなのですが、あなたならこのケースどのように語りますか？（私だったら、どう話すかは149ページに載せておきます）

★ショート・メタファーで犯しがちなミス

とても使いやすく強力なショート・メタファーですが、注意点があります。

事例でご紹介しましょう。

コンサルタントが自分の実績を伝えようとしたケースです。

「私のクライアントのAさんはたった2回、私からコンサルを受けただけで業績を10倍伸ばされました」

「なんだろ。クライアントのAさんという第三者が出てきてるのに自慢っぽさしか感じないし、控え目に言ってムカつくな」

ですよね。これがショートメタファーでもっとも犯しやすいミスです。

なぜ第三者が登場しているのにショート・メタファーにならないのか？

答えは、主体が「私」になっているからです。

「ショート・メタファーは第三者が主人公になっていなければならない」

これ、非常に重要なポイントです。

第三者を登場させることがショート・メタファーなのではありません。

「第三者を主人公として、第三者のエピソードを語る」のがショート・メタファーなのです。

先のコンサルタントの事例であれば、こんな感じです。

「私のクライアントにAさんという方がいて、先日『売上が10倍になりました！』と喜びのご連絡をいただいたんです。たった2回のコンサルでそんなすごい成果を出されたので、私の方が嬉しくなりました」

どうでしょう。

「ずいぶん印象が変わった。自慢っぽいところがなくて、スッと耳に入ってくる」

このように第三者のエピソードを語るのがショート・メタファーです。

もし、まだあなたに実績や経験がなく、登場させる第三者がいないとしたら、**第三者を「過去の自分」にするというやり方もあります。**

「過去の自分はダメだったけど、いまの自分が提案している商品やサービスに出会ったことで救われた（成功した）」

という流れでのショート・メタファーですね。

商品やサービスによっては他人よりも「過去のできなかった自分」のほうが聞きやすい場合がありますので、そこも含めて考えてみてください。

やってみよう!

ショート・メタファー

⑤　あなたがよく聞かれる質問はなんですか？
　　あるいはクロージングをした際によく言われる断り文句はなんですか？
⑥　その質問や断り文句に対して効果のありそうな「友達のジョン」は誰ですか？
⑦　その「友だちのジョン」のどんなエピソードを語りますか？
⑧　そのエピソードは「あなたがアピールしたいポイント」に繋がっていますか？

★ショート・メタファーを使ってwi-fi機器の「速さ」をアピールした例

「昨日、お客さまがおっしゃっていたのですが、前に使っていたところからうちのサービスに変えたら、売上があがったらしいんです。だから、驚いたと。恥ずかしながら私も、通信速度と売上ってまったく関係ないと思っていたので、どういうことかお尋ねしたんですね。そしたら、ストレスがなくなったと。それが作業効率だけでなく集中力も高めて、結果、売上があがったらしいです。私としてもとても嬉しいお話を伺えたと喜んでおります」

このような話をして相手が興味を持ち、

「そんなにストレスがないって、具体的にはどれくらいの速さなんですか？」

というような質問が出てきたら、そこで初めて具体的な数字をグラフなどでお見せします（グラフは視覚的に訴えかける＝無意識にアプローチするため、プレゼン手法としてとても効果的です）。

ロング・メタファー：物語で相手に伝える

ロング・メタファーは**「物語」「寓話《ぐうわ》」**です。

ショート・メタファーでは「第三者」の話をして、相手の心理的リアクタンスを回避しましたが、ロング・メタファーではさらに「遠い」物語や寓話を話すことで、心理的リアクタンスを限りなくゼロにしていきます。

たとえるならロング・メタファーは『ステルス戦闘機』のようなもの。相手にまったく気づかれず、こちらの攻撃をヒットさせる強力なテクニックです（はい、これは「アナロジー」です）。

ロング・メタファーで語ると、相手は**本題とは関係のない（ように思われる）物語や寓話を聞いているだけなので、心理的リアクタンスを抱くことはまったくありません。**その裏で相手の無意識にこちらの誘導したい意図を届けていき、結果としてこちらの望む行動を促していくのです。

ショート・メタファーに比べて面倒に思われるかもしれませんが、**心理的リアクタンスが特に強い場面で絶大な力を発揮できる、究極のイメージ・マイニング・テクニック**だと私は考えています。

わかりやすい例で考えてみましょう。

夏休みの宿題をやらずに遊んでばかりいるまだ小さな子どもに、

「毎日ちゃんと宿題やらないと夏休み中に終わらないよ」

と言ったとしましょう。

子どもだって本当は毎日少しずつ進めたほうがいいとわかっています。

ではカステラくん、このように言われた子どもはどう感じると思います？

「毎日やらなくったって間に合えばいいんでしょ、かな」

はい、これ私の話だったのですが、まさにそう感じました。

そして私だけでなく多くの子どもが同じでしょう。自分でも毎日少しずつ進めたほうがいいとわかっているのに、親から言われた言葉に対して無意識下で心理的リアクタンスが働き、余計に意固地になって宿題をやらなくなります。

「そう言って毎年最後になって焦るんだから、毎日ちゃんとやりなさい」と直接的に言えば言うほど、抵抗が強くなるのは先に述べた通りです。

さぁロング・メタファーの登場です。

子どもにこんな話をしたらどうでしょう。

「今年と同じように暑かったある夏の、アリとキリギリスの話を聞いてね。

その夏、キリギリスは毎日バイオリンを弾き、歌を歌って過ごしていました。一方、アリは来たる冬のために食料を毎日一生懸命家に運んでいます。

キリギリスがアリに『わざわざ食料を運ばなくても、たくさんあるじゃないか』と話しかけると、アリは『今はたくさんあるけど、冬になるとなくなってしまうよ』と答えまし

た。けれどキリギリスは『まだ夏は終らないよ。楽しく歌って過ごそうよ』と言いつつ、再びバイオリンを弾き始めたんです。

冬は、キリギリスが思っていたよりすぐにやってきました。

キリギリスは焦って食料を探しますがなにもありません。お腹がすいて困り果てたキリギリス、ふとアリが食料を集めていたことを思い出し、分けてもらおうとアリの家を訪ねました。しかしアリは『夏は歌って過ごしていたのだから、冬は踊って過ごせばいいんじゃない？』と言い放ち、扉を閉めてしまいました。

キリギリスは、そのままアリの家の前で凍え死んでしまいました。おしまい」

少なくとも私はこの話を聞いた日から、毎日宿題を始めました。

ロング・メタファーの優れたところは、こちらからは「なにも強要しない」ことです。

話を聞いた相手が自分ですべてを想像し、自分で自分の行動を決めます。

自分で考え、自分で決めた行動を自ら裏切ることはできません。

だからロング・メタファーは「究極」なのです。

Theory ミルトン・エリクソンの逸話

ロング・メタファーの希代《きだい》の使い手は、『20世紀最大の天才心理療法家』、そして『言葉の魔術師』と呼ばれたミルトン・エリクソン（Milton Hyland Erickson）です。

エリクソンのロング・メタファーは本当に美しく、また確実に効果的にクライアントの症状を快方に向かわせました。

その多くは『私の声はあなたとともに──ミルトン・エリクソンのいやしのストーリー』（シドニー・ローゼン編・二瓶社）に収録されています。

中から、実際に私に良い変化をもたらしたストーリーをご紹介しましょう。

娘が小学校から帰ってきて、

「お父さん、学校中の女の子が爪を噛んでいるの。私も同じようにしたい」

と言いました。私は、

「そうだな、確かに同じようにしたほうがいいね。流行は女の子にとってとても大事だからだからね。お前は遅れているんだね。追いつくためにもっともよい方法は、毎日十分に爪を噛むことだね。もしも毎日決まった時間に1日3回15分ずつ（時計を貸してあげよう）やれば、追いつけるよ」

と言いました。彼女は初めは熱心にやっていました。それが次第に始めるのが遅くなり、まもなく止め、ある日、言いました。

「お父さん、学校の新しい流行を始めようと思うの。長い爪にするわ」


このストーリーを読んだ当時の私は、新しいビジネスを始めるかどうかで悩んでいました。が、ストーリーを読んでしばらく後に始めない決断をしました。結果としてそれは正解でした。そのビジネスはトレンドを意識したもので、3年後には跡形もなくなってしまったからです。

エリクソンは**「よいメタファーはしっかりと無意識に届き、3週間から1ヶ月後に変化**

をもたらす」と話したといいます。いまあなたの無意識もこのストーリーから確実になにかを受け取りました。今後あなたにどんな変化が起こるのか、どうぞ楽しみにお待ちください。

エリクソンのロング・メタファーが美しく効果抜群だったのは、じつは隠れた修練があったからです。

エリクソンは、クライアントにとって有用なロング・メタファーを生み出すために、まずは30枚にわたるメタファーを書き、そこから削《そ》いで削いで5枚にしたといいます。そして、それを25年毎日続けていたといわれています。

もちろん私はエリクソンの足元にも及びませんが、修練を積むことはできるので、日々メタファー修業を重ねています。

その中で私が気をつけているのは、相手になにかを伝えるとき**「なんとかしてロング・メタファーで語れないか」**と常に考えることと。

そして時間が許す限り、小説やマンガを読んだり、映画や演劇を観るようにすることです。そこにロング・メタファーのネタが詰まっていますから。

ファイブセンス・リアリズム：五感臨場

ここから5つのイメージ・マイニングのテクニックを加速させるスキルとして、「ファイブセンス・リアリズム」をご紹介します。

ファイブセンス・リアリズムは日本語でいうと「五感臨場」。

「五感・イメージの世界」である無意識にアクセスするため、五感に訴えかける話し方をする。そして無意識を動かし、こちらの望む行動を促していく……これがファイブセンス・リアリズムです。

ショート・メタファーで第三者のエピソードを語るときにも、エピソードの紹介がスペックになっていたら、相手のイメージは動かず行動を引き出すことはできません。

１１４ページのタイ料理屋さんに好きな人を誘う話を思い出してください。スペックを並べられても心はそれほど動かなかったのに、ファイブセンス・リアリズムで語られるとその料理を食べたくなってしまう。相手を自ら行動させるのは、説明ではなく、イメージであることの一例です。

ではちょっとやってみましょう。

「あなたの地元にいくので、オススメの料理屋さんを教えてください」

と尋ねられたらどう答えます？

「僕の地元だと魚かな。サバの塩焼きだけを出す専門店があるんだ。普通の家みたいな店でメニューはサバの塩焼きだけなんだけど、まずサイズが普通の倍くらいあるし、脂がのってて美味いんだ。繁華街にあってアクセスいいし、値段もこなれているし、ランチ時間には並ぶかもしれないけど回転速いからすぐ入れるし、どう？」

「う〜ん、もうひとつ興味を引かれないなあ」という方が多いのではないでしょうか。スペックを並べてしまうと、どうしてもそうなるのです。

これに対して**ファイブセンス・リアリズムでは五感、つまり視覚・聴覚・味覚・嗅覚・触覚を刺激する話し方**をしていきます。それぞれの感覚が「開く」ように描写していく感じです。

サバのお店だとこんな感じでしょうか。

「サバの塩焼きだけを出す専門店の話なんだけどね。そのお店、一般の家庭みたいなつくりになっていて、だから食べるところも畳敷きの居間にテーブルみたいな感じなのね。給仕してくれる人もかっぽう着の女性だから、なんか親戚の家に来たみたいなの。メニューはサバの塩焼きしかないから、案内された座布団に座った途端にお茶と小さな冷や奴を出されて『待っててね』って声をかけられる。そのときにはもうサバの焼けるいいにおいがしてるわけ。良質な魚の脂が焼けるあの香り。いまかいまかと待ちながら冷や奴をつまんでいると、『お待たせ』ってサバが出てくる。まずね、大きさに圧倒されるよ。いま君がサバの塩焼きって聞いて想像する大きさの二倍だと思ってくれていい。しかも、てらてらと艶《つや》やかに焼けた黄金色の身からは、脂がのっているのがひと目でわかる。もうたまらないって箸《はし》を入れるとさ、スッと、うん、軽くスッと入るんだ。大きく身をとって口の前まで持ってくる。すると脂の香り、ふくよかな海の恵みが鼻腔《びくう》に広がり、それだけでご飯が食べられそうになるんだ。口の中に入れるとまず甘味が広がる。そう、甘いんだ。ゆっくりと噛んでいくと、あんなにスッと切れた身なのにしっかりとした歯ごたえが返ってくる。そして旨味。これが本当サバの味なのか！って驚いたよ。味蕾《みらい》のすべてを刺激する味って言えばいいのかな。そんなサバの塩焼きを出すお店なんだよね」

「ヤバい、サバの塩焼き、食べたい！　それにその話し方を身につけたい。コツを教えてよ」

コツは、**自分がカメラになること。**

耳も鼻も舌も体感覚もあるカメラです。そのカメラが写しだす光景を描写し、カメラに届く音や匂いや味や肌感覚を描写するのです。

練習方法としては、いまやったように「食事や食品など食に関わることを相手にオススメする」のがいいでしょう。五感のすべてが含まれるからです。

「視覚・嗅覚・味覚はわかるけど、聴覚や触覚って出てくるかな？」

普通に考えたら出てこないかもしれません。

だからこそ語っていくとシズル感が増すのです。たとえば聴覚なら、

「ソースをかけると焼けた鉄板がジュージュー言って」とか、

「栓に力をかけると、ポンッて音とともにフタが開き」とかです。

触覚の場合は、口の中での感覚とか、あるいは器《うつわ》に触れたときの感じなどを語っていくといいでしょう。いずれにしても、視覚・聴覚・嗅覚・味覚・触覚のすべてを使って表現していくことが大切です。

そのために、**沢山の食レポに触れること**をオススメします。

食レポは、伝える媒体がテレビでもラジオでも文字でも、言語によって美味しさを伝えるという点で、必然的にファイブセンス・リアリズムが必要となります。

食レポの上手い彦摩呂《ひこまろ》さんとかは、さまざまな角度のファイブセンス・リアリズムを使っていて勉強になりますよ。

食のオススメができるようになったら、朝起きてからの出来事をファイブセンス・リアリズムで語る練習に移りましょう。

「朝起きて、ベッドから出て、歯を磨いた」という、スペックにするとたった18文字のことを最低でも5分はかけて話せるようになるのがゴールです。

朝起きたとき、まずなにが見えて、なにが聞こえたか。どんなにおいがして、口の中ではどんな味がして、どんな肌感覚があったか。

1人語りで構いませんので、それを丁寧に語ってください。

目覚めたときをファイブセンス・リアリズムで語り尽くしたら、次にベッドから出たとき、そして歯を磨いたときと進んでいきましょう。ここまでできるようになったら、次は語る相手を探して、相手をしっかり見ながら語ります。

このときのポイントは**相手の頭のスクリーンに、こちらがイメージしたものとまったく同じものを届けること。**相手がちゃんとイメージできていることを確認して、足りなければ補いながら、確実にイメージを刷り込んでいくことを意識してください。

遅刻常習犯の部下が遅刻しなくなった!

最後に私が使っているファイブセンス・リアリズムの事例をご紹介いたします。

モンキーフリップで接客をしているとき、お客さまから、

「この眼鏡カッコイイけれど、会社でかけても大丈夫かな?」

というような質問が出た際に使っている事例です。

基本は、ショート・メタファー。

具体的には次のようにお答えします。

「それぞれの会社の事情があるので参考までの話ですが、先週同じフレームをお買い求めいただいた方が金融系のお仕事で、会社でも平気だったとおっしゃってました。勝手に金融系って堅いイメージを持っていたので『大丈夫なんだ！』って逆に僕が驚いたくらいです」

ここでお客さまの様子を伺い、いけそうなときはファイブセンス・リアリズムをプラスし、イメージを動かすようにしています。こんな感じです。

「そのお客さま、昨日もご来店いただいたのですが、なんか顔が赤いというか興奮気味だったんですね。

どうされたんだろうと思っていたら、いきなりバッと握手を求められて。もう僕の頭には『？』しかないわけですよ。そしたらお客さま、新しい眼鏡をかけてはじめて会社に行った日のことをお話してくださったんです。
その日は曇《くもり》りで暑くて、スーツが身体にまとわりついて、不快指数が高かったんですって。だから出社したときには、かなり汗をかいてしまってたらしいんです。そうしたら女子社員たちがジロジロ自分を見てきた、と。お客さまは『ヤバイ。におうかな』ってドキドキしてたら、向かいの席の女の人が『かっこいいですね、その眼鏡』みたいな感じで、言ってきたってことなんです」

比較としてファイブセンス・リアリズムを使わない話し方もご紹介しますね。

「そのお客さま、昨日もご来店いただいたのですが、会社にその眼鏡をかけて行ったら、女子社員たちから『かっこいいですね、その眼鏡』みたいな感じで言われたらしいですよ」

「明らかに、嘘くさく聞こえる！」

ですよね。

ファイブセンス・リアリズムを使わないと心理的リアクタンスが出てしまうこと、逆にファイブセンス・リアリズムがイメージを動かし、行動を促すことをおわかりいただけたかと思います。

もちろんファイブセンス・リアリズムが有効なのは、セールスだけでありません。

あらゆる場面で力を発揮します。

たとえば、いつも遅刻をしてくる部下を指導する場面を想像してください。

「お前はいったい何回『遅刻するな』って言えばわかるんだ？」

と直接説教をすると「なに言ってんだよ！　徹夜しないとできないような作業量をおれに振ったのはあんただろ」といった心理的リアクタンスが出てしまいます。

これを**「若いときの自分」というショート・メタファーとファイブセンス・リアリズム**を使って、こんな言い方をしたらどうでしょう?

「遅刻ね。あるよな。おれもさ、若かったときはよく寝坊して遅刻してた。夜遅くまで仕事しちゃってさ。だから眠いんだよ、朝。すごく眠いんだよ。目覚ましが鳴って起きようと思っても、あともう5分ってまどろんで、5分経ってまたアラームが鳴っても、もうあと5分ってトロトロして。あれ、気持ちいいんだよな。すごくわかるよ。

そんなある日のことだけど、その日もおれ、あと5分、あと5分ってやってて、遅刻しそうになって、そのころ自転車で駅まで通ってたから、もう全速力で自転車をこいで急いだんだ。そうしたらいつもは絶対に人なんて出てこない路地から小さな女の子がフラって出てきて。おれ止まれなくて、バーン! ってぶつかっちゃったんだよね。女の子、転げてさ。慌ててかけよったら、ひざからものすごく血が出てて。幸い、大きなケガじゃなかったし、傷も残らなかったから良かったけど、それからおれ、『ちゃんと起きよう』って思ったんだ。おれがあと5分早く起きていれば、あの女の子は泣かなくて済んだ……そういうことだとおれは思ったんだ、早く起きるって」

これは、実際に私が「遅刻を繰り返す部下」に使ったものです。

そして、その部下は以降、遅刻をすることはなくなりました。

ファイブセンス・リアリズムは人のイメージを動かし、行動を促します。

人に何かを話すときには、ファイブセンス・リアリズムを意識することを忘れないでください。それが相手のイメージを動かし、あなたに『得』を運んできますから。

ではこの章を締める前に！

83ページで覚えた「96……」から始まる数字を、イメージ・マイニングしたイラストを思い起こしつつ紙に書いてみてください。そして正解と見比べてみてください。

イメージの力、いかがですか？

第3章

相手の信頼を勝ち取り支配すらできる「フェイク・イット」

心理話術を自然に使っている人がいる

「ズルイ話し方」もいよいよ最終章に入ってきました。

ここであなたにお願いがあります。**この1年間に新しく出会った人を思い浮かべてみてください。**次に、その中で「会ったのが一度きり」で、かつ「鮮明に覚えている」人の数を数えてください。

私はこの1年で、1000人くらいの方に新しくお目にかかりました。

では「会ったのが一度きり」で、かつ「鮮明に覚えている」方が何名いるかというと……2人しか思い浮かびません。1000名中のたった2人です。

この章のはじめに、その2人の「ズルい話し方」をご紹介させてください。

1人目は、九州の講演会で出会った40代ぐらいの女性。笑顔が素敵なのんびりとした雰囲気で、保育士とかトリマーが似あいそうな方です。

ところが名刺交換すると、『たこ焼き屋台　代表』と書いてあります。

お話を伺うと、ハイエースを改造した『たこ焼き号』でスーパーマーケットの駐車場に行き、そこでたこ焼きを焼いて販売しているとのこと。お仕事の内容が雰囲気とあまりにもかけ離れていたので、思わず、

「たこ焼きの屋台をやられているんですね、関西のご出身とかですか？」

とお聞きしました。すると、

「いえ、九州です」

とのお答え。さらに興味をかき立てられてしまい、

「失礼ですが、どうしてたこ焼きの屋台なんですか？」

と質問をすると、こんな答えが返ってきました。

「私が食べていただいているのは、私の人生で一番美味しかった、おばあちゃんのたこ焼きなんですよ。私のおばあちゃんは、生まれつき手が不自由だったものですから、作る手

際がものすごく悪いんですね。

切られたタコは大きさがバラバラだし、薄力粉を卵やお水と一緒にボウルに入れタネを作っていくときもシャカシャカとはいかずに、ガコガコなんて感じでしたし。いざたこ焼き器にタネを注いでいくときには、周りにこぼしてベタベタになっていましたし。

でもね、そのおばあちゃんのたこ焼きがものすごく美味しかったんです。タネに一工夫があって、さぁ食べようって口に持っていったときの香りや、『アツアツ』って言いながら食べたときに口の中に広がる味が、本当に美味しくて私はいつでも幸せになったんです。だから私、そのおばあちゃんのたこ焼きを皆さんに届けて、ほんの少しかもしれませんが、幸せになって欲しいんです」

この話を聞いた私はそのたこ焼きが食べたくてたまらなくなり、思わず「どこで売ってるんですか？」と前のめりになって聞いてしまいました。

さて、この方のお話を聞いてなにか感じませんか？

「かなり上手く『ズルい話し方』を使ってるってことだな」

ですよね。実際私が感じたのは次のようなポイントです。

- 見た目の第一印象から得られるバイアスと、実際の職業の間にギャップがあるから興味を引かれた。
- 過去の自分を引き合いに出しながら「ショート・メタファー」を使っているので、まったく抵抗なく「おばあちゃんのたこ焼き」のストーリーを聞けた。
- 擬音語を駆使した「ファイブセンス・リアリズム」を刺激する話し方にイメージを動かされ、思わずそのたこ焼きを食べたくなった。

もう1人は私の地元、愛知県でお目にかかった初老の男性です。

70歳前後だとお見受けしたのですが、たいへん腰が低く、言葉遣いもおだやかで執事やホテルマンのような印象を受けました。
ところが名刺交換をすると、売上高100億円企業の会長さんだったのです。
私の中に「100億円企業の会長さんはエネルギッシュ」というバイアスがあったので驚き、失礼を顧《かえり》みずこう言いました。

「会長の柔らかな雰囲気に圧倒されました。私の浅い経験でしかありませんが、御社ほどの規模の会社の会長さんは、ほとんどの方が『上から』お話をされます。しかし会長は全然違う。静かで柔らかで、私のような若輩者にも丁寧にお話ししてくださる。感銘を受けました」

対しての、会長さんのお話がこれです。

「私の友人の経営者の話ですがね、短期間に会社を大きくした時期がありまして。ご承知とは思いますが、会社を大きくするためには人が要ります。長い時間かけて大きくするのであれば自前で育てることもできますが、短期間でとなると、多くを中途採用に頼る、あるいは他の会社を買うなどしなければなりません。私の友人はその2つともしました。結果、どうなったか？

端的に言うなら会社が荒れました。具体的に申し上げると、同僚を蹴落《けお》とすことが最優先の社風になってしまったのです。いついかなるときでも、会社のあちこちで陰口がささやかれていた。

それは経営者である友人に対しても例外ではなく、本人の前では良いことを言うけれども、裏では正反対のことを話す社員ばかりになってしまった。そんなことをしていたら当然、売り上げは落ちます。お得意さまの信頼も失います。そしてついには会社そのものがなくなってしまったのです。

なにもかもなくしたあとに友人はこう言いました。『言葉が乱れて会社をなくした。言葉の霊、言霊はあるよ、恐ろしいよ』と。それを聞いてから私は、できる限りではありますが、言葉には注意するようにしているのです」

そう言って会長さんは微笑《ほほえ》み、私をじっと見つめられました。

私はその微笑みがとても怖かった。

「自分は会長さんに対して失礼な言葉遣いをしていなかっただろうか」と、急に恐ろしくなったのです。以来、会長さんのお話はまさに言霊《ことだま》となり、私の脳裏《のうり》にこびりついています。

もうおわかりのように、このエピソードでは**「バイアス・コントロール」「ショート・メタファー」「ロング・メタファー」**がとてもキレイに使われています。

「なるほど。『ズルい話し方』を使えば相手を話に引き込み、印象を操作できることはわかった。でも、それで本当に『得する』とまで言えるのかな？」

見事な質問です。

ご指摘の通り、これまでのお話は相手の心を動かし、こちらの望む一歩目の行動を促すためのものです。

本当の『得』は、そこから相手に2歩目、3歩目と進んでもらわないと手にすることはできません。

そのためには、なにが必要なのか？　これからその話をしていきます。

最後のひと押しが必要な理由

あなたが法人の新規開拓営業をしているとしてください。

電話で相手の興味を引き出し、イメージを動かすことに成功して、訪問のアポイントメントを取ることができました。つまり1歩目はクリアしたカタチです。

では、2歩目となる訪問営業の際に、もっとも障害になるのはなんだと思いますか？

「契約が取れないこと？」

それも正解ではあるでしょう。しかし正確に言うと、**契約が取れないのは「障害が原因となって引き起こされた結果」**です。

問題は、「なぜ、相手は契約しようという気持ちにならないのか」ということであり、その「なぜの理由」を見極めてほしいのです。

「リスクを取りたくないとか、損したくないとか、現状を変えたくない、っていう理由かな」

ご明察！　いまお答えいただいた心理、専門的には**「ホメオスタシス」**と呼ばれる心理が、相手の2歩目、3歩目の大きな障害となります。

と言っても、ホメオスタシスは悪者ではありません。それどころか、私たちが生きていくためには絶対に必要な要素です。

ホメオスタシスについて、ちょっと理解を深めておきましょう。

Theory ホメオスタシス(恒常性維持機能)

動物が生きていく上で一番大事なのは「個体の維持」ですよね?
平たく言えば「死なない」ということです。

個体を維持するために大切なのは、変わらないこと。平常をキープすることと言い換えてもいいでしょう。

この平常をキープし、個体を維持しようとする働きがホメオスタシスです。

私たちの身体は、熱が上がったり下がったりしたとき、平熱に戻そうとします。ホメオスタシスが働くからです。呼吸が浅くなったり深くなったりしたとき整えようとするのも、脈拍が乱れたときに戻そうとするのもホメオスタシスの働きです。「平常」のほうが死なない確率が高いですから。

環境も同じです。昨日まで死ななかったということは、昨日までの毎日は安全ということ。その昨日と同じ今日であれば、生きていける可能性が確率は高い。だからホメオスタシスは環境に対しても、「現状を維持しろ」と指令を出してきます。

冒頭の法人営業の例に戻るなら、アポを取った会社を訪問をし、改めてバイアス・コントロールやイメージ・マイニングをして、相手が「よし決定しよう」という場面になったとしましょう。

ここで！　ホメオスタシスの「現状維持」が騒ぎます。具体的には**「本当に決定しちゃっていいのかな」**とためらってしまうということです。

これは程度の差はあれ、人間相手であれば、必ず出てきます。

モンキーフリップのケースでいうなら、1歩目が上手く効いて「メガネを買おう」と心が動いているのに、「本当に買っちゃっていいのかな」とホメオスタシスが騒いでいる状態。

ここを乗り越えるためには、**「この人に任せても大丈夫」と思っていただくための最後**

のひと押しがなければなりません。
その「最後のひと押し」をするテクニックが**「フェイク・イット」**です。

人間は「支配される」ことを望んでいる

フェイク・イットの目的は「支配する」こと。

目の前の相手の心を支配できれば、なんの抵抗もなく2歩目、3歩目を踏み出してもらえます。

「え〜なんか『支配』ってやだな。倫理的によくないというか、そこまでしたくないというか……」

「支配」という言葉が多くの人にネガティブな印象を与えることは、私も重々承知しています。

しかし、それでもなお、やっぱり最終的に相手を動かして「得」をとりたいのであれば、この言葉を使わざるを得ません。

なぜなら、**人間は「支配的な人を好きになる」動物**だからです。

「ちょっと待った。この本ではずっと『心理的リアクタンス』の話をしているけど、それと矛盾しないか？　人間は相手に支配されそうになると、抵抗しようとする心理が働くって言ってたじゃないか」

はい。これは間違えてはいけない部分なのですが、心理的リアクタンスが働くのは、あくまでも「自分をコントロールしようとしている」と、第一歩目で無意識が察知した場合です。バイアス・コントロールやイメージ・マイニングでそこをクリアしたあとでは、むしろ人間は支配されたがる生き物なのです。

第1章でも述べましたが、私たちの脳が一番嫌がるのは「考えること」。考えるのは、大量のエネルギーを使いますからね。

ホメオスタシスの部分でお話ししたように、動物の第一義は個体の維持であり、個体を維持するためにはエネルギーは使わない方がいい。だから脳はいついかなるときでも、できる限り考えないようにしています。

相手に支配されるというのは、言い方を変えれば「自分で考えなくていい」ということで、人の脳にとっては心地よい状態なのです。

あまり良くない例ですが、カルトに洗脳された人々が、まさにそう。

私はオウム真理教事件をテーマにしたマンガの原作を書いたこともあり、かなり深くオウムのことを調べました。

そこでわかったのは、**サリンをまいた信者たちは全員とても素直で、まったく悪人ではない「普通の人たち」ばかりだった**ということです。

ところが教団の指示に従う中で、脳が考えることを放棄してしまった。そのほうが心地よかったからです。

結果、凶悪事件の実行犯となってしまいました。

とんでもない悪事を起こすのが「普通の人」たちであるということについては、ドイツの哲学者ハンナ・アーレント（Hannah Arendt）が著した『エルサレムのアイヒマン――悪の陳腐《ちんぷ》さについての報告』（みすず書房）にもあります。

この本は第2次世界大戦中、ナチスドイツの強制収容所でユダヤ人を大量虐殺したアドルフ・アイヒマンの公開裁判の傍聴《ぼうちょう》をベースに書かれています。

そこではアイヒマンは決してユダヤ人を憎んでいた極悪人ではなく、ただ自分で考えることを放棄してナチスの上司の指示に従っただけの「普通の人」であったと述べられているのです。

このような使い方は絶対にやってはいけませんし、まさに「悪用厳禁」なテクニックですが、自分の「得」をつかむためにある程度の支配が必要となってくる理由について、ご理解いただけたのではないでしょうか。

支配にもっとも必要なのは「醸し出される自信」

相手を支配するのにもっとも必要なものはなんでしょう？

それは**「自信」**です。

相手が**「この人の言う通りにしておけば大丈夫」**という安心感を抱けば、ホメオスタシスは邪魔をしません。「信頼」というのは相手の無意識を、自信で支配することによって生まれるのです。

では、どうやったら「自信」で相手を支配できるのか？

ズバリ答えを申し上げると、「態度」です。

相手がなにを言っても揺れない態度、それが相手の無意識に「自信がある人」という印象を残します。

そして揺れない態度を取り続けることで相手は支配されていき、知らないうちにこちらを信用するにいたるのです。

逆から言えば、態度が揺れてしまうと、「この人にお願いして本当に大丈夫なんだろうか？」という不安が無意識下で芽生え、損をすることになります。

たとえば私が眼鏡を売っているとして、お客さまから、

「こっち（A）とこっち（B）、どっちがいいと思いますか？」

と、AB2本の眼鏡の選択に関する質問を受けたとします。

そのとき、

「どっちもいいですが、どちらかと言われたらAがいいと思います。いや、ちょっと待ってください。もう一度Bをかけてもらっていいですか。やっぱりBですね。ただAもいい

ので、う〜ん……」

と優柔不断な返答をしたらどうでしょう。

あるいは、一旦「Aがいいですよ」と言いきったあとに、お客さまが、

「そうなんだぁ、でも俺としてはBのほうが好きなんだよな」

とおっしゃり、

「もちろん、Bもいいですよ。というか、むしろBかもしれません」

などと私の意見がブレたら？

私の意見や提案が信用できるはずがありませんよね。

Aと言ったらA、Bと言ったらBをオススメする揺れない態度が、信用を得るためには必要なのです。

もちろん、オススメする理由が「なんとなく」ではいけません。

Aがオススメなら、その理由をプロとしての立場から、メタファーやファイブセンス・リアリズムを使ってきちんと伝えられないと、お客さまに購入という行動を起こしてもらうことはできないでしょう。

「考えてみれば『態度がブレない人は信頼できる』っていうのもバイアスだよな」

その通りです。ブレない態度でいると、それだけで「自信がありそうだ」「信頼できそうだ」と相手の脳内でシステム1が判断してくれるのです。

自分で自分を騙し込むワザ

ブレない態度、自信がある態度を演出するために使っていただきたいテクニックこそが「フェイク・イット」です。

フェイク・イットは直訳すると「ごまかす」という意味ですが、英語の格言に「Fake it till you make it」というのがあります。「そうなるまでマネをしろ」とか、**「上手くいく**

までは上手くいっているフリをしろ」と訳される格言です。

自分に実績がなく、自信や能力がなくても、「自信や能力があるフリ」をしていれば（持っていると思い込んでやっていれば）、それがやがて現実になるということで、認知行動療法などでも使われている有用なテクニックです。

「『自信がなくてもあるフリをしろ』っていうのは聞いたことがあるし、理屈としてはわかる。でも、それが難しいから困っているんだよ」

じつは私も、最初にこの考えに触れたときは、同様の感想を持ちました。

そこでオススメするのが**「10倍フェイク・イット」**です。

自分の自信や能力など目に見えないものをフェイク・イットするのは、正直難しい。

そこで、私は**目に見えるもの、もっと言えば数値化できるものを10倍大きくしよう**と考えたのです。

具体的に言うと、20人を相手にプレゼンするときは、２００人を相手にプレゼンするとイメージしてやる、フォロワーが1000人のSNSで発信するときには1万人に発信するとイメージしてやる、ということ。圧倒的にイメージしやすいですし、イメージできるから明らかに行動するときの心構えが変わります。

あるいは、**現状や実績を10倍フェイク・イットするのも効果的**です。

もっともわかりやすいのは、ギャラ。目の前の仕事のギャラが10万円の場合、100万円もらっている仕事だとフェイク・イットするのです。

当然、取り組み方が変わりますよね。

その取り組み方の差が、揺れない態度を醸し出し、リアルの世界でも10倍の成果を引き出していきます。

ただ一点、気をつけていただきたいことがあります。

「0」に10をかけても、「0」にしかならないということです。

自分がそれまでやったことがなく、できるかどうかまったくわからないことに対して「できます、お任せください」というのはでまかせ、不誠実です。

不誠実というか、事実的には詐欺《さぎ》です。いくらフェイク・イットとはいえ、やってはいけません。『得』を手にする視点で考えても、できなかったときのリスクが大きすぎます。

たとえば、私は料理がほぼできません。

自炊をしたことはありますが、ママゴトに毛が生えた程度のものです。

そんな私に「料理学校でレシピを作る講師をやって欲しい」という依頼がきたとして、10倍フェイク・イットで「レシピですね、承知しました。どんな料理のレシピでもお任せください」と自信満々に伝え、仕事をいただき、付け焼き刃でレシピを作って講演で発表したとしましょう。

ド素人が作った付け焼き刃のレシピが、すでにこの世にある他のレシピより優れている可能性は限りなくゼロですよね。

私を選んだクライアントさんは失望し、私は信用を失います。というかそれ以前に講演に足を運んでいただいた方々に失礼極まりないと私は思うのです。

けれど、もし私が趣味程度にでも料理をしているのであれば、この依頼に対して10倍フェイク・イットを使います。

日頃、自分と家族のための料理をしているなら、毎回その10倍の人たちに料理を振る舞っているとフェイク・イットする。あるいは、私の料理を美味しいと言ってくれている10倍の人たちの顔をリアルにイメージする。

すると不思議なことに揺れない態度で、

「レシピですね、承知しました。どんな料理のレシピでもお任せください」

と伝えることができるのです。

その上でギャラの10倍フェイク・イットを使います。

ギャラが10万円だったら、１００万円のギャラをもらうと考えてレシピを作れば、結果的にクライアントにとっても、受講する方にとっても、そして自分自身にとっても良い結果につながっていくでしょう。

フェイク・イットは変形でも効果を発揮します。

一例を挙げるなら、私がパーソナリティを務める「かわさきFM」でのラジオ番組（2020年2月現在、毎週木曜日21：30～22：00）。

「かわさきFM」はコミュニティラジオなので限られた範囲だけで放送されていますし、多くの方がスマホアプリで聴くため聴取率がわかりません。ラジオの向こうでどれくらいの方に聴いていただいているか、まったくわからないということです。

私はここでフェイク・イットを使っています。

コミュニティラジオの聴取率は全国平均で5％という数字があり、これを信じると川崎市の人口153万人の5％、7万人以上がマイクの向こうにいてくださる。私はそうフェイク・イットしてしゃべっているのです。

もちろんこれはリアルな数字ではないでしょう。

でもいいのです。「何人が聞いているかわからない」と考えて話すより、7万人の方々が聞いてくださっているとイメージして話すほうが、圧倒的に魂が入ります。

そして、このフェイク・イットのおかげで私は新しい扉へのチャンスをいただきました。

ただし、10倍フェイク・イットには落とし穴があります。

ズバリ「勘違い」です。

「思い上がり」といってもいいでしょう。

10倍フェイク・イットをしているうちに、本当に10倍の実績・影響力・知見があるような勘違いが起き、言動が「上から」になってしまうという危険です。

ここは、繊細に気をつけなければいけません。

私自身はこのリスクを避けるために、「実るほど頭を垂れる稲穂かな」という句を画像イメージで脳に刻んでいます。

一種のイメージ・マイニングですね。

「謙虚でいよう」と意識しても、抽象的なのであまり意識には残りません。

でも、「頭を垂れる稲穂」はイメージしやすいので脳にこびりつきます。

そして傲《おご》りを防いでくれるのです。

本書のまとめ：三大前提とセブンステップ

以上で、印象を操作して得をとる「ズルい話し方」のすべてを伝え終りました。

途中、学説なども交えながら話を進めてきましたので、最後にテクニックのみに焦点を当ててまとめてみます。

三大前提

① **人は、バイアスのかかった眼鏡を通してしか他人を判断できない。**
② **人は、自分が興味を持ったこと以外には心のドアを開かない。**
③ **人は、他人からの提案には心理的リアクタンスを抱く。**

ズルい話し方で印象を操作する7ステップ

①　相手に会う前に10倍フェイク・イットで実際よりも大きな自分になる。
②　相手に会ったらフックを使ってバイアスとのギャップを提示する。
（相手の頭の中に興味を生ませる）
③　すると相手は「どうして◯◯なんですか?」と質問してくる。
④　その質問に答える形で「自分がアピールしたいこと」を話す。
⑤　その際にはイメージ・マイニングを使うこと。
（心理的リアクタンスを避けるため）
⑥　ファイブセンス・リアリズムで話すこと。
（相手からこちらの望む行動を引き出すため）
⑦　最終場面で再度10倍フェイク・イット使い、相手を支配する。

「うん、たしかに効果的だって改めてわかったけどさ。でも、いろいろ考えたり、練習したりがいるよね。もっとすぐに使えて即効性のあるヤツないの？」

もちろん、あります。

最後にもっとも簡単で、もっとも効果のある、その必殺技をお伝えします。

ズバリ**「笑顔」**です。

なんだそんなことか、と思われるかもしれませんが、相手の心を動かし行動を促したいのなら、笑顔はマスト。

いや、最強の武器と言えましょう。

もっとも簡単でもっとも効果のある最強の印象戦略

アムステルダム大学で行なわれた「笑顔の募金」という実験があります。

学生たちを「A」「B」２つのグループに分け、ショッピングモールで買い物をしている人に「動物愛護団体の者です」と声をかけ、自己紹介をしてから募金を募《つの》るという内容です。

実験では声をかける際、２つのグループで次のように表情を変えました。

Aグループ：笑顔で近づき募金をお願いする

Bグループ：無表情で近づき募金をお願いする

募金結果は次の通り。

Aグループ：51・3％の人が快く応じてくれた
Bグループ：29・3％の人しか応じてくれなかった

相手の表情を観察した結果は次の通りです。

Aグループ：64・9％の人が笑顔を返してくれた
Bグループ：64・7％の人が無表情のままだった

いかがでしょう。笑顔の力が一目瞭然でわかりますよね。

医学分野での研究成果でいうなら、3D超音波を使った調査で発達中の胎児が子宮の中ですでに微笑んでいることがわかってきていますし、子どもは1日に400回も笑顔を見せるという調査結果もあります。

生存能力という点で弱い立場にある子どもが笑顔を見せるのは、笑顔が相手の心を溶かし、自分にとって有利な行動を促す力を持っているから。

そう、笑顔には相手の心を開き、行動させる力があるのです。

ただし、どんな笑顔でもいいというわけではありません。

笑顔には人にいい印象を与える「本物の笑顔」と、イヤな気持ちにさせてしまう「偽物の笑顔」があります。

「本物の笑顔」は、19世紀のフランスの神経科医、デュシェンヌ（Duchenn）が発見したことにちなんで**「デュシェンヌ・スマイル」**と呼ばれています。口角が上がっていて、目尻に細かなシワ、いわゆるカラスの足跡ができる表情です。

逆に「偽物の笑顔」は、口だけが笑っていて、目にはあまり変化がありません。作り笑いをしたときの表情です。

笑顔を武器にしたいなら、少々の練習は必要ですが「デュシェンヌ・スマイル」を手に入れてください。そして、あなたが印象操作をしたい方を最高の笑顔「デュシェンヌ・スマイル」で迎えましょう。

笑顔は単純にして最強の印象操作なのですから！

おわりに

一人の男が立っている。男は肩を落とし、うなだれ、身体には力がなく、ときおり吐息《といき》が漏《も》れ聞こえてくる……。

映画でも演劇でも、こんなシーンを見たら、この男はどんな状況にいると思いますか？　失恋したか、なにかに失敗したか、困難な出来事にぶちあたっているか、いずれにしても楽しい状況ではないと思いますよね。

では次の瞬間、男の顔が醜《みに》く歪《ゆが》み、薄気味悪い笑いが顔に張りついたら？　男が言葉を発しなくても、ほとんどの人は「悪いヤツだ！」という印象を持つでしょう。

私は大学時代、俳優をやっていました。やっていたというか、どっぷりと芝居漬けの毎日で、自ら立ち上げた劇団で「大学演劇フェスティバル」に優勝できたほどです。

当時、「俳優の仕事は、印象を操作することである」と教えられました。

俳優の印象から観客は自分なりのストーリーを作り上げる。俳優がその印象を裏切ることでドラマは盛り上がる。だから俳優には立っているだけで観客の印象を操作する技量が必要だと言われ続け、ひたすら練習を重ねる日々を過ごしていたのです。

そのころの悪戦苦闘が、巡り巡って私の宝になりました。

ビジネスにおいても、プライベートにおいても、印象を操作することで「得」を手にしてきたからです。私が自分の望む道を歩んでくることができた要因として、俳優時代に身につけた印象操作の手法があるのは間違いありません。

印象操作、本当に人生を拓《ひら》きます！

本書の最後に謝意を述べさせてください。

素敵な推薦文をお寄せいただいた内藤誼人《よしひと》さん、ロミオ・ロドリゲス・Ｊｒさん、ありがとうございます。お二人の文章によって本書はとても魅力的な印象になりました。

素晴らしい装丁をデザインしてくださった井上新八さん、ありがとうございます。本がキリリと印象深くなりました。

かわいいイラストを描いてくださった高村あゆみさん、ありがとうございます。内容がグッとわかりやすくなりました。

編集の労をおとりいただいた澤有一良さん、ありがとうございます。澤さんとの出会いがなければこの本は生まれませんでした。

名古屋と東京で開催した「悪魔のレピュテーション・コントロールセミナー」にご参加いただいた皆さま、ありがとうございます。皆さまとの会話の中から多くのヒントをいただきました。ご協力心より感謝いたします。

そして、この本を手に取りお読みいただいたあなた。ありがとうございました！

あなたの人生という舞台では、主人公である俳優を演じるのはあなたです。

俳優のあなたが一番意識しないといけない仕事は「相手の印象を操作すること」。

あなたがあなたらしく印象を操作して、望む毎日を手に入れられること、心より応援しています。

岸　正龍

おもな参考文献

『ファスト&スロー：あなたの意思はどのように決まるか？』
早川書房／ダニエル・カーネマン（著）、友野典男（解説）、村井章子（翻訳）

『心脳マーケティング 顧客の無意識を解き明かす』
ダイヤモンド社／ジェラルド・ザルトマン（著）、藤川佳則（翻訳）、阿久津聡（翻訳）

『私の声はあなたとともに―ミルトン・エリクソンのいやしのストーリー』
二瓶社／シドニー・ローゼン（著）、中野善行（翻訳）、青木省三（翻訳）

『隠れた脳』
インターシフト／シャンカール・ヴェダンタム（著）、渡会圭子（翻訳）

『心の中のブラインド・スポット：善良な人々に潜む非意識のバイアス』
北大路書房／M.R.バナージ（著）、A.G.グリーンワルド（著）、北村英哉（翻訳）、小林知博（翻訳）

『行動意思決定論―バイアスの罠』
白桃書房／マックス・H. ベイザーマン（著）、ドン・A.ムーア（著）、長瀬勝彦（翻訳）

『思い違いの法則：じぶんの脳にだまされない20の法則』
インターシフト／レイ・ハーバート（著）、渡会圭子（翻訳）

『〈わたし〉は脳に操られているのか：意識がアルゴリズムで解けないわけ』
インターシフト／エリエザー・スタンバーグ（著）、大田直子（翻訳）

『しらずしらず――あなたの9割を支配する「無意識」を科学する』
ダイヤモンド社／レナード・ムロディナウ（著）、茂木健一郎（解説）、水谷淳（翻訳）

『その科学があなたを変える』
文藝春秋／リチャード・ワイズマン（著）、木村博江（翻訳）

『FACTFULNESS 10の思い込みを乗り越え、データを基に世界を正しく見る習慣』
日経BP／ハンス・ロスリング（著）、オーラ・ロスリング（著）、アンナ・ロスリング・ロンランド（著）、上杉周作（翻訳）、関美和（翻訳）

『NLP メタファーの技法』
実務教育出版／デイヴィッド・ゴードン（著）、浅田仁子（翻訳）

『気づかれずに主導権をにぎる技術』
サンクチュアリ出版／ロミオ・ロドリゲスJr.（著）

『流れを操り、勝負を支配する 絶対に勝つ黒い心理術』
PHP研究所／ロミオ・ロドリゲスJr.（著）

『世界最先端の研究が教える すごい心理学』
総合法令出版／内藤誼人（著）

『出会って4分でエコヒイキされる心理術 ～太鼓持ちの人脈スキル～』
三才ブックス／内藤誼人（著）

岸正龍（きし・せいりゅう）

株式会社浅野屋代表取締役、一般社団法人日本マインドリーディング協会理事、日本ビジネス心理学会上級マスター。1963年名古屋生まれ。上智大学経済学部3年時に多摩美術大学芸術学部に入学し、二重学籍で大学に通う。卒業を前に萩本欽一さんも所属する浅井企画で芸人になるが、コピーライターに転身。その後デザイナーに転職。1996年、地元の名古屋に小さな眼鏡店をオープン。1,500社が集うマーケティング団体で年間最優秀賞を受賞した。デザイナーとしても2010年にアイウェア・オブ・ザ・イヤーのメンズ部門、2013年にグッドデザイン賞を受賞。現在は「サブリミナル心理学研究所」主宰として講演やセミナーを小学校から大学、商工会から海外まで多数実施。マンガの原作やラジオ番組のパーソナリティなど、実業家と講師業２つの側面で活躍している。おもな著書に『相手を完全に信じ込ませる禁断の心理話術 エニアプロファイル』（フォレスト出版）、『相手に響く伝え方 人生を変える心理スキル99』（きこ書房）、『マネーマッド』（みらいパブリッシング）がある。

Twitter / LINE ID：@961556x（黒い心X）

一瞬で印象を操る

ズルい話し方

相手の脳にこびりつくコミュニケーション術

2020年 3 月 1 日　第1刷発行

［著者］　岸正龍

［発行者］　櫻井秀勲

［発行所］　きずな出版

東京都新宿区白銀町1-13　〒162-0816

電話03-3260-0391　振替00160-2-633551

http://www.kizuna-pub.jp

［印刷・製本］　モリモト印刷

ISBN978-4-86663-102-8

＼＼ いますぐ手に入る！ ／／

『一瞬で印象を操る　ズルい話し方』

読者限定無料プレゼント

動画

ズルい恋愛心理術

恋愛シーンで抜群の効果を発揮する心理テクニックを、
岸正龍先生が動画で特別レクチャー！　これを見れば、

- 合コンで自分をいちばん強く印象づける
- 飲み屋で隣の席の人にさり気なく声をかける
- 初デートで一気に２人の距離が縮まる

などの効果が期待できるかも！
さらに、本書の未公開原稿を PDF でプレゼントします！

無料プレゼントの入手はこちらから！

http://www.kizuna-pub.jp/zuruitalk_gift/

※動画ファイルはWEB上で公開するものであり、ＤＶＤ等をお送りするものではございません。あらかじめご了承ください。